親切すぎる徹底解説

一生使える
おさいほうの基本

ミカ＊ユカ

主婦の友社

おさいほうの時間は

とれたボタンをつけたり、落ちたすそを上げたり、
毎日の暮らしの中には、おさいほうをする機会が意外とあります。
とはいえ、針しごとが苦手な人も多いことでしょう。
面倒くさいし、不器用だし、と、敬遠しがちです。

でも、
ボタンつけや、すそ上げは難しくありませんし、
ちょっとしたコツできれいに仕上がります。
破れたところをつくろうことは、
ものを大切にすることにもつながります。

幸福な時間

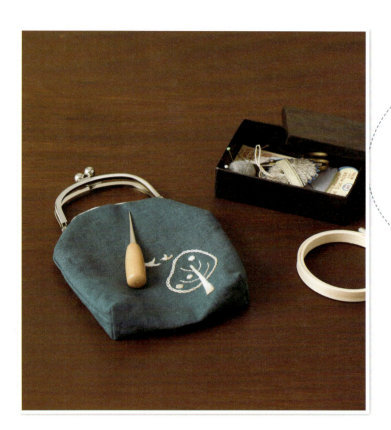

刺しゅうを刺したり、
バッグやがま口まで作れるようになると、
日々の楽しみが増えます。

おさいほうがちょっと好きになり、
針で布をちくちくぬう時間を
幸せだと感じてもらえたらうれしいな、と
この本を作りました。

よかったら長くそばに置いてください。

ミカ＊ユカ

目次

1章 おさいほうの基礎 ……7

材料と用具 ……8
用具について ……8
- ◆ 手ぬいの糸と用具 ……8
- ◆ ミシンぬいの糸と用具 ……8
- ◆ 共通の用具 ……9

布について ……10
- ◆ 布の目と耳 ……10
- ◆ 布の幅 ……10
- ◆ 布の表裏の見分け方 ……10
- ◆ 布の織りと染め ……10
- ◆ 一般的な布の種類と特徴 ……11

布に合った糸と針の選び方 ……14
- ◆ 手ぬい糸とミシン糸 ……14
- ◆ 手ぬい針とミシン針 ……14

ぬう前の準備 ……15
布の下準備 ……15
- ◆ 地直し ……15
- ◆ 水通し ……15

型紙と製図の準備 ……16
- ◆ 裁ち方図 ……16
- ◆ 型紙 ……16
- ◆ 寸法図 ……16
- ◆ 型紙を使ったパーツの作り方 ……17
- ◆ 製図でのパーツの作り方 ……18

裁断 ……19
- ◆ 布の裁断方法 ……19

接着芯 ……21
- ◆ 接着芯の種類 ……21
- ◆ 接着芯の貼り方 ……21

ぬいしろの下準備 ……22
- ◆ 二つ折りにする ……22
- ◆ 三つ折りにする ……22
- ◆ ぬったあと、ぬいしろを割る・倒す ……23

Column おさいほうプラスアルファ +α
- 初心者に向く布 ……12
- 布を買うときに気をつけること ……13
- 便利なロータリーカッター ……19
- 「柄合わせ」の方法 ……20
- 接着芯を貼った場合の印つけ ……21
- アイロンを活用しましょう ……22
- ぬい目は、きわまでしっかり開きましょう ……23
- 「がま口」の口金に合わせた型紙の描き方 ……24

2章 手ぬい ……25

手ぬいの準備 ……26
- ◆ 糸の通し方 ……26
- ◆ 針のもち方（指ぬきの使い方）……26
- ◆ 玉結び（ぬい始めの糸端の始末）……27

いろいろな本ぬい ……28
- ◆ 並ぬい（運針、ぐしぬい）……28
- ◆ まち針の打ち方 ……28
- ◆ 本返しぬい（全返しぬい）……29
- ◆ 半返しぬい ……30
- ◆ 玉どめ（ぬい終わりの始末）……31

いろいろなまつりぬい ……32
- ◆ まつりぬい ……32
- ◆ おくまつり ……33
- ◆ 千鳥がけ ……34
- ◆ たてまつり ……35

しつけ ……36
- ◆ しつけ糸 ……36
- ◆ しつけのかけ方 ……36

おさいほうプラスアルファ +α
糸通しが簡単！お助け便利グッズ …………… 26
糸が短くて玉どめができない場合 …………… 31

3章
刺しゅう ………………………… 37

刺しゅうの準備 ……………………………… 38
- ◆ 刺しゅうの材料と用具 ……………… 38
- ◆ 刺しゅう糸の準備 …………………… 39
- ◆ 刺しゅう糸の針への通し方 ………… 40
- ◆ 図案の写し方 ………………………… 40
- ◆ 刺しゅうわくの使い方 ……………… 40

基本のステッチ ……………………………… 41
- ◆ ストレートステッチ ………………… 41
- ◆ アウトラインステッチ ……………… 41
- ◆ チェーンステッチ …………………… 42
- ◆ バックステッチ ……………………… 43
- ◆ フレンチノットステッチ …………… 43
- ◆ サテンステッチ ……………………… 44
- ◆ ブランケットステッチ ……………… 44

ひらがなと数字のサンプラー ……………… 46
名前刺しゅう入りハンカチ ………………… 47

4章
ミシンぬい ……………………… 49

ミシンぬいの準備 …………………………… 50
ミシンと付属品 …………………………… 50
- ◆ ミシン（家庭用） …………………… 50
- ◆ 付属品 ………………………………… 50

ぬう前の操作 ……………………………… 51
- ◆ ぬい目の長さを決める ……………… 51
- ◆ 糸調子をととのえる ………………… 51

基本のぬい方 ………………………………… 52
- ◆ ぬい始めの返しぬい ………………… 52
- ◆ 直線のぬい方 ………………………… 53
- ◆ 曲線のぬい方 ………………………… 53
- ◆ 角のぬい方 …………………………… 54
- ◆ ぬい終わりの返しぬい ……………… 55

ファスナーのつけ方 ………………………… 56
- ◆ ファスナーの種類 …………………… 56
- ◆ ファスナーのつけ方（片どめファスナーの場合）… 56

布端の始末 …………………………………… 58
- ◆ ジグザグミシン ……………………… 58
- ◆ 三つ折りぬい ………………………… 58
- ◆ 袋ぬい ………………………………… 58
- ◆ テープでくるむ ……………………… 59
- ◆ バイアステープの作り方 …………… 59
- ◆ バイアステープのくるみ方 ………… 60

おさいほうプラスアルファ +α
まち針は抜いてからぬう ……………………… 54
ぬいまちがえたときの糸のほどき方 ………… 55
ピンキングばさみで裁つ、ロックミシンを使う …… 58

5章 暮らしの中のおさいほう ……… 61

ボタンのつけ方 ……… 62
- ◆ ボタンの種類 ……… 62
- ◆ 二つ穴、四つ穴ボタンのつけ方 ……… 63
- ◆ 足つきボタンのつけ方 ……… 64
- ◆ 力ボタンのつけ方 ……… 64

スナップボタンのつけ方 ……… 65
- ◆ スナップボタンの種類 ……… 65
- ◆ つけ方手順 ……… 65

ホックのつけ方 ……… 66
- ◆ ホックの種類 ……… 66
- ◆ つけ方手順 ……… 66

面ファスナーのつけ方 ……… 67
- ◆ 面ファスナーの種類 ……… 67
- ◆ つけ方手順 ……… 67

ゴム、ひもの通し方 ……… 68
- ◆ ゴムの種類 ……… 68
- ◆ ひもの種類 ……… 68
- ◆ 通し方手順 ……… 69

すそのつくろい方（おくまつり） ……… 70
すその上げ方 ……… 71
わき、スリットのつくろい方 ……… 72
そでぐりのつくろい方 ……… 73
- ◆ 布端のほつれをかがる ……… 73
- ◆ ほつれをかがる ……… 73

えりぐりのつくろい方 ……… 74
- ◆ 布端のほつれをかがる ……… 74
- ◆ ほつれをかがる ……… 75

かぎ裂きのつくろい方 ……… 76
- ◆ 布をつくろう ……… 76
- ◆ ふさいだ穴の上にボタンをつける ……… 77

穴のふさぎ方 ……… 78

ゼッケンのつけ方 ……… 80
- ◆ たてまつりでつける ……… 80
- ◆ チェーンステッチでつける ……… 81

ネームタグのつけ方 ……… 82
- ◆ アイロンでつける ……… 82
- ◆ アイロンとたてまつりでつける ……… 82

すぐできてすぐ役立つ 暮らしの手作り ……… 83
- 刺しゅうの名前入りハンドタオル ……… 83
- フェイスタオルのぞうきん ……… 84
- 手ぬぐいのあずま袋 ……… 86
- キッチンクロスのキッズエプロンと三角きん ……… 88

おさいほうプラスアルファ +α
- 力ボタンは力布でも代用できます ……… 64
- 困ったウエストに便利なホック ……… 66
- ひもはヘアピンでも通せます ……… 69
- 「裁ほう上手」で、ぬわずにすそ上げ ……… 70

6章 簡単小ものレシピ ……… 91

作り方徹底解説！ ……… 92
- 基本のレッスンバッグ ……… 92
- 基本のトートバッグ ……… 98
- 基本のがま口 ……… 104
- がま口のバリエーション ……… 105
- 基本のサコッシュ ……… 112
- サコッシュのバリエーション ……… 116
- 基本のランチバッグ ……… 118
- 刺し子風ふきん ……… 122

索引 ……… 125

1章

おさいほうの基礎

手ぬいでも、ミシンぬいでも
おさいほうを始めたい人はまずここで
基本的な用具と布の基礎知識と
実際にぬい始める前の準備を覚えておきましょう。

材料と用具

おさいほうに最低限必要な用具と、ぬい糸や一般的な布など、用意しておく材料の解説です。

用具について
ぬうために必要な糸と針だけでなく、型紙作り、裁断などさまざまな目的の用具を使います。

❉ 手ぬいの糸と用具

手ぬい糸
手でぬいやすいよう右撚りになった糸。カード巻きタイプが多い。さまざまな太さや素材がある（p.14参照）。色は布の色に合わせて選ぶ。

手ぬい針
頭に糸を通す穴がある。長さや太さ、針穴の大きさに違いがあり、糸や布に合ったものを使い分ける（p.14参照）。短い針はこまかいぬい目、長い針はゆったりしたぬい目向き。

指ぬき
ぬうときに針の頭を押さえるために、針をもつ手の中指にはめて使うリング。革製と金属製があり、厚手のものなど針が通りにくい布をぬうときは金属製がおすすめ。使い方はp.26参照。

❉ ミシンぬいの糸と用具

ミシン糸
ミシンに装着するためボビンに巻かれた左撚りの糸。ポリエステルなど合成繊維が一般的で使いやすい。ニットや特殊な布には専用の糸がある（p.14参照）。

ミシン針
ミシンに装着するための専用の針で針頭に糸を通す穴はない。写真右は家庭用ミシンの針で、一方が平たくかまぼこ形になっている。左は工業用ミシンの針で円形になっている。太さに違いがあり、布に合わせて使い分ける（p.14参照）。

❋ 共通の用具

チャコペンシル
布に印をつける「チャコ」のペンシルタイプ。型紙を布に写したり、刺しゅうの下絵を描くときに使うことも。水で消えるタイプや、時間がたつと消えるタイプがある。使い方はp.17参照。

方眼定規

方眼が描かれた定規。平行に線が描けるのでぬいしろ線を描くときに便利。片側が金属になっているものはロータリーカッター（p.19参照）にも使える。30～50cmのものが一般的。使い方はp.17参照。

まち針
頭に玉や飾りがついた、ぬうときに重ねた布や型紙がずれないようにとめる針。一般的な長さのものでよいが、厚地用の長いものもある。アイロンがかけられる耐熱性のものが便利。正しいとめ方はp.28参照。

メジャー
採寸に使う。ほかにも定規では足りない長さや、そでぐりなどの曲線の長さをはかるときに便利。目盛りが見やすいものを選ぶ。

ピンクッション
使いかけの針を刺しておくクッション。針山、針刺しともいう。針が埋もれないタイプが便利で、マグネットタイプのものも人気。

リッパー
ぬいまちがえたときにぬい目を切るのに使う用具。はさみでは切りにくいボタンの糸切りなど、こまかい部分の糸切りにも便利。使い方はp.55参照。

目打ち
布に穴をあける用具だが、角をきれいにととのえたり、ミシンでこまかい部分をぬうときに布を押さえたり、あると活躍する。

しつけ糸

しつけ（布を仮ぬいすること）に使う、撚りの少ない糸。写真のような「かせ」で売られていることが多い。「しろも」と呼ばれる生成りのものが一般的。しつけのかけ方はp.36参照。

裁ちばさみ
布を切る専用のはさみ。22～28cmくらいの大きさが使いやすい。紙を切ると布が切れにくくなるので、型紙などを切る際は工作用のはさみを使う。使い方はp.19参照。

糸切りばさみ
刃先が細く鋭く、糸を切るのに便利なはさみ。切り込みを入れるなどこまかい作業にも向く。刃先がきちんとかみ合い、切れ味がよいものがおすすめ。

1章 おさいほうの基礎／材料と用具

布について

手芸店に行くと多種多様な布が売られています。綿素材だけでも織り方や厚さで名称が異なる布がたくさんあって迷うもの。ここで布の基礎知識と特徴を解説します。

❋ 布の目と耳

布には目と耳があります。縦糸の方向を「布目」と呼び、これがゆがむと型くずれを起こします。裁ち方図や型紙に布目方向を示す矢印がある場合はそろえます。布目が合わないパーツをぬい合わせると布が伸びたり形がゆがむので注意。横糸の両端を「布耳」と呼び、ここは使わないようにします。

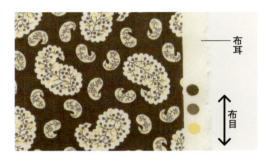

❋ 布の幅

約90cmから120cmが一般的で、なかでも112cmのものが多数。インテリア用などの布には約150cmのものも。裁ち方図の布幅と違う布は必要量が変わるので購入する際は布幅を確認しましょう。

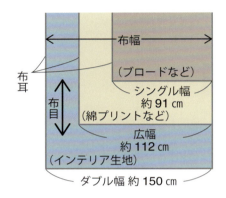

❋ 布の表裏

布は表裏がわかりにくいものがあります。わかりにくい場合、以前は写真のように布耳の穴で判断していました。現在はさまざまな布がありますので、購入する際、ショップで表に印をつけておいてもらうとよいでしょう。次ページからの写真も判断の参考にしてください。

〈表〉

〈裏〉

❋ 布の織りと染め

織り方は大別して、縦糸と横糸が主に1本ずつ交差し平らに織られただけのものが平織り、斜めのうねが現れるものが綾織り。染め方は、糸の段階で染める先染めと、織ったあとで染める後染め（プリント）があります。

〈平織り／先染め〉

〈綾織り／先染め〉

〈平織り／後染め〉

❋ 一般的な布の種類と特徴

〈 普通地 〉

ローン

細番手の糸で、薄く布目が透ける平織りの布。こしがあるのでウエアに向く。

シーチング

多くは綿であらめの平織りの布。仮ぬい用や芯地としても使われる。

ブロード

代表的な綿の平織りの布。密に織って光沢がありプリントの柄がきれいに出る。

オックスフォード（オックス）

縦横2本ずつの糸を平織りした布。通気性がよくシャツなどに向く。厚地や薄地もある。

ダンガリー、シャンブレー

白糸と色糸で織ったデニム風の布。以前は綾織りだったが、現在は平織りが主流。より薄くしなやかな布がシャンブレー。

綿レース

綿に刺しゅうをし、カットして穴をあけた布。端がスカラップ（波形）になったものも多い。

ヘリンボーン

ニシンの骨という意味。和名は杉綾織り。とがった杉の葉のような縦縞模様に織った布。

ツイル

綾織りのこと。一般的に綾織りにした布の総称。やわらかく、光沢をもち、しわになりにくい。

綿麻

綿と麻の混紡。綿より張りがあり、麻よりしわになりにくい、両方のよさをもった布。

麻

じょうぶで通気性があり肌ざわりがよいが、しわになりやすい。縮むので裁つ前に水通し（p.15）する。

ワッフル

凹凸が出るよう平織りで織られ、お菓子のワッフルのような布。

❋ 一般的な布の種類と特徴

〈 薄地 〉

ダブルガーゼ

綿のガーゼを二重織りにしたもの。やわらかく保温性も高い。縮みやすいので水通しが必要。

オーガンジー

とても薄くて軽い平織りの布。透ける風合いが美しい。綿や絹、化繊など素材はいろいろ。

サテン

光沢があり、なめらかな風合いが魅力。「しゅす」とも呼ばれる。さまざまな素材があるが写真は綿。

裏布用化繊

表地に重ねて使う非常に薄い布。おもに化繊で「裏地用」「裏布用」として売られていることが多い。

〈 厚地 〉

フリース

起毛させた化繊やウールの繊維。保温性が高い。安価で布端の始末が不要なので人気がある。

ネル

「フランネル」の略。綿などの織物を起毛させた布。あたたかくて肌ざわりがよい。

帆布（キャンバス）

船の帆に使われたじょうぶな布。キャンバスとも呼ぶ。厚さは号数で表し、8〜10号くらいがぬいやすい。

ウール（ツイード）

羊の毛織物。写真は太くあらい糸で起毛など表面に凹凸を出したツイードと呼ばれる布。

キルティング

2枚の布の間にキルト芯を入れてステッチをかけた布。やわらかく保温性が高い。

デニム

縦糸が色、横糸が白の綾織りの綿の布。厚さの単位はオンス。家庭用ミシンでぬえる厚さを選ぶとよい。

Column 初心者に向く布

素材は綿や綿麻、化繊の混紡などで、普通地かやや厚地の平織りのものがぬいやすいでしょう。かなり薄い布や厚い布、伸縮性のある布、ほつれやすい布、凹凸のある布はあまり向きません。また無地や小さな柄のものが無難。大柄や、柄が1方向を向いた布は柄合わせ（p.20）が必要です。

〈 個性的な布 〉

フェルト

不織布。羊毛を圧縮して布にしたもの。ほつれないので布端の始末が不要。

ストレッチ

伸縮性のある布。専用の糸でぬうとぬい目が切れにくい。布端は細かいジグザグミシンかロックミシンで始末したほうがよい。

ジャージ

伸縮性のある厚めの布。広い用途に使えるが、ぬい糸や始末方法はストレッチと同じ。

ベロア

ビロードのような風合のなめらかでやわらかい毛織物。高級なベルベットもあるがぬいにくく上級者向き。

ジャカード

複雑な模様が浮き出るように織られた布。フォーマルウエアやインテリアに向く。

ビニールコーティング

片側に撥水加工を施した布。ランチバッグなどに向くが、すべりにくくぬいにくい。

Column 布を買うときに気をつけること

- 布の縮みや柄合わせのことも考えて、必要量より少し多めに買いましょう。
  布は品切れや廃番になることが多いので、柄ものなどは特に多めに購入したほうが無難。
- 水通しが必要か、色落ちの心配はないかなど、あらかじめ店舗で聞いておきます。ネットショップならメールで質問しておくとよいでしょう。
- 100円ショップやネットショップでも布は購入できますが、初心者は専門スタッフがいて相談できる手芸店などでの購入がおすすめです。

布に合った糸と針の選び方

手ぬい、ミシンぬいともに、それぞれ専用の糸を使います。どちらもさまざまな太さがあり、布の厚さや形状に合ったタイプを使う必要があります。

❖ 手ぬい糸とミシン糸

手ぬい糸

通常の手ぬいなら、ポリエステル製で40、50番の糸がよい。ボタンつけには強度のある20番やボタンつけ用糸を選ぶ。布の厚さ、用途に応じて、1本どりと2本どりを使い分ける。しつけには専用のしつけ糸（p.36参照）を選ぶ。

ミシン糸・普通地、厚地用

綿や化繊など一般的な布をぬうときに使う糸。普通地なら60番、帆布やデニムなど厚地なら30番、薄地なら90番が向く。

ミシン糸・ニット用

伸縮性がある糸。ニットやストレッチ、ジャージなど伸縮性のある素材をぬうときに使う。

❖ 手ぬい針とミシン針

手ぬい針

普通地、伸縮性のある布は7号、8号の「普通地用」、厚地には4号、5号、6号の太い「厚地用」の針を使う。薄地には8号の細い「薄地用」が向く。指ぬき（p.26参照）を使用すると安心。

ミシン針

普通地には11番、厚地には14番、薄地には9番が向く。ビニールコーティングなど加工した布も普通の厚さなら11番でOK。

手ぬい糸とミシン糸の違い

手ぬい糸 右（S）撚り　ミシン糸 左（Z）撚り

手ぬい糸とミシン糸は「撚り」の方向が逆になっている。手ぬい糸は右手で針をもつときぬいやすい右撚りに、ミシン糸は針にからみにくい左撚りになっている。

ぬう前の準備

ぬい始める前に布の目をととのえ、製図をしたり型紙を用意したり、布に印をつけておく必要があります。ここでその作業を説明します。

布の下準備

買ったばかりの布は縦糸と横糸がゆんでいて、完成品の形がゆがむことがあるので「地直し」をしてととのえます。また縮みやすい布は、あらかじめ水につけて縮ませておきます。

❋ 地直し

まず横糸を1本抜くことで、横糸のラインを出します。これを「地の目を通す」と言い、このラインを布耳と垂直にととのえて、布のゆがみを正します。

1 裁ったラインが斜めになっている。

2 耳の内側1cmくらいの位置で上から約5cm裁つ。

3 横糸を引きやすくするため、縦糸を数本抜いて、布端をほぐす。

4 両端に渡っている横糸を1本つまみ、少しずつ切れないように引き抜く。

5 少し引いては布をしごきながら抜く。端まで引き終わると地の目が現れる。

6 現れた地の目に沿って裁ち、裁ったラインが布耳と垂直になるように、手とアイロンでととのえる。

❋ 水通し

麻やガーゼ、目のあらい綿など、水につけると縮みやすい布や、色落ちしやすい布、表面に糊がついている布は、あらかじめ水につけてから裁ちます。水通しが必要なのかは購入する際に確認しておくとよいでしょう。

1 地直しの手順5まで終えた布を、水を張ったタライや洗面器などにつける。糊がきいていると水がしみにくいので、時間をかけて、しっかりと布全体に水をしみ込ませる。

2 直射日光の当たらない場所に、しわを伸ばして干す。生乾きの状態で取り込んで、地直しの手順6を参考にしてアイロンをかける。

型紙と製図の準備

布の準備ができたら裁断の前に、裁ち方図を確認します。型紙を使うか、製図の指示がある場合は寸法図を見て、どちらかの方法で布に線を描き、印をつけます。方眼定規を使うと便利です。

❈ 裁ち方図

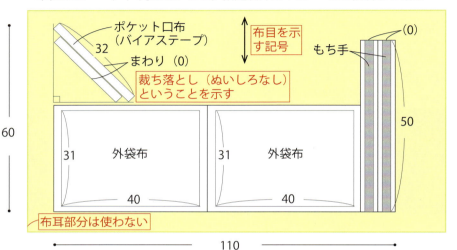

布がむだなく使えるようにパーツを配置した図。ここで必要なパーツと布目の向きを確認する。製図する場合は寸法を確認。

❈ 型紙

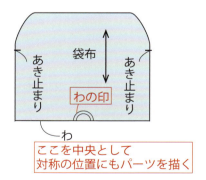

- ぬいしろはまわり1cm
- ■は接着芯を貼る

型紙は、紙に写しとって切り抜き、布に重ねて線を描く。型紙1枚を使って、同じ形のパーツのすべての型をとる。実物大はそのままで、要拡大なら指定のサイズに拡大して写す。まわりの線だけでなく、印や文字をすべて写す。

❈ 寸法図

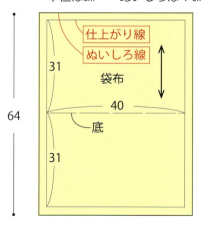

- 単位はcm
- ぬいしろは1cm

内側の線が仕上がり線(ぬう位置)、外側の線がぬいしろ線(裁つ位置)。布目記号と布目を合わせ、この図と同じ線を布に直接描く。

❖ 型紙を使ったパーツの作り方

実物大型紙がある場合は薄い紙に写して周囲を切り取り、布に写します。

1 本や型紙の上にトレーシングペーパーなどの薄紙をおき、マスキングテープなどで貼り、型紙にある線をえんぴつなどで書き写す。

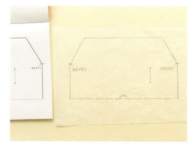

2 写したところ。あき止まりや布目などの印も、すべて写す。

3 型紙のラインに沿って紙を切る。写真は切り終わったところ。

4 裁ち方図を参考にして、布を裏側にして型紙をおく。ペーパーウエイトで押さえながら、チャコペンシルなどで線を描く。

5 あき止まりなど必要な印をすべて描く。

6 型紙に「わ」の印がある場合は、型紙を反転させて反対側も描く。

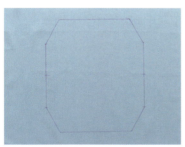

7 描き終えたところ。

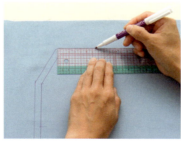

8 外側に、指定の寸法でぬいしろ線を描く。方眼定規を使うとよい。

9 描き終えたところ。

1章 おさいほうの基礎／ぬう前の準備

❖ 製図でのパーツの作り方

本などで寸法図が記載されている場合は布に直接線を描いて製図します。

1 裁ち方図を参考にして、指定の位置に方眼定規を当て、寸法図どおりに線を描く。まず、外側のぬいしろ線を描く。布耳に平行になるように縦の線を描く。

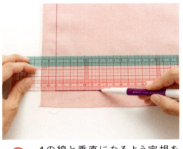

2 1の線と垂直になるよう定規を当てて下端の線を描く。

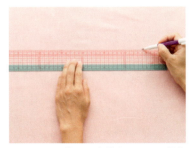

3 1の線から寸法をはかって印をつける。

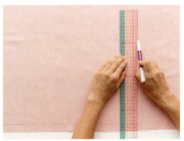

4 2の線と垂直になるよう寸法をはかり、その位置から1と2に向かって線を描く。

5 ぬいしろ線をすべて描いたところ。

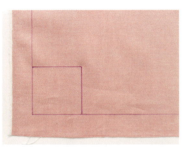

6 まちを描く。

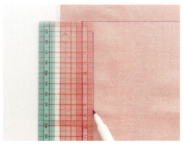

7 内側の仕上がり線を引く。方眼定規を使い、ぬいしろ線と平行になるように描く。

8 あき止まりなどの印もすべて描く。

9 写し終わったところ。

裁断

パーツがすべて描けたら、次は裁ちばさみを使って布を裁ちます。ぬいしろ線に沿って正しく、丁寧に、曲がらないように。ぬい合わせる作業が楽できれいに仕上がります。

❊ 布の裁断方法

1 ゆがまないように布をおく。

2 はさみは下側の刃先を台につけ、刃が垂直になるようにして、片手で布を押さえながら、大きめに刃を開いて裁つ。はさみを浮かさないと布が動かず上手に裁てる。

3 横に裁つ際は、はさみを持つ手の側から反対側に向かって裁つ。できるなら、手前から体の向きが切る方向と同じになるように裁つとよい。

便利なロータリーカッター

バイアステープなどのように細長いパーツをカットするとき、ロータリーカッターと定規を使うと、きれいに裁つことができます。布に対して垂直におき、少し下に向かって押しつけながら、定規にぴったり当てて手前に引きます。必ず下にカッターマットを敷いて、定規は、ステンレスレールのついているものを使いましょう。

「柄合わせ」の方法

大きな柄の布をぬい合わせたとき、2枚の柄が続くように配置するときれいです。動物や景色など柄に方向がある布も、同じ向きになるよう気をつけましょう。これを「柄合わせ」と呼びます。裁ち方図どおりでなく、布目がそろうよう注意しながら、柄が合うように各パーツを配置します。そのため布は多めに必要となりますが、柄を生かすよう配置できることは、手作りならではの楽しみです。

● チェックや大きな花柄など

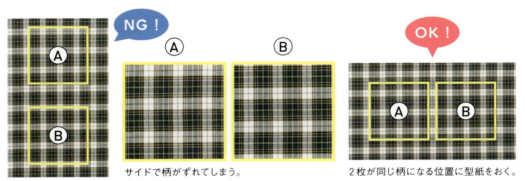

サイドで柄がずれてしまう。

2枚が同じ柄になる位置に型紙をおく。

● 柄に向きのあるもの

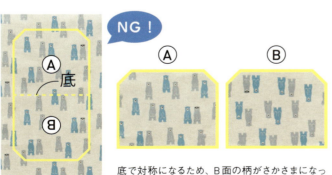

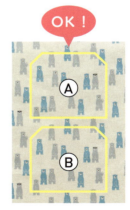

底で対称になるため、B面の柄がさかさまになってしまう。

型紙を底で切り離して2枚にし、同じ向きに並べる。底にもぬいしろをつけ、まず底をぬい合わせる。

接着芯

布の型くずれを防ぎ、補強するために芯地を裏側に貼ります。アイロンで接着できる芯地が便利。目的によって厚さを使い分けましょう。1枚の布に貼る場合は「片面接着」タイプを使います。

❉ 接着芯の種類

多くは不織布で、薄地、中厚地、厚地などのタイプがある。洋服などやわらかく仕上げる場合は薄地、バッグなど強度を出したい場合は厚地を選ぶ。
接着芯地／清原

一般的な接着芯の種類

接着芯のタイプ	特徴	向いているアイテム
薄地	しなやかで通気性がある	薄地の服のえりぐりや見返しなど
中厚地	適度な張りで型くずれを防ぐ	普通地の服の裏など広い目的に
厚地	しっかりとした厚みがある	バッグやジャケット、コートの裏に

❉ 接着芯の貼り方

布の裏側に接着芯をおく。ザラザラした糊のついたほうを下に向けて接着するが、まずアイロンを全体的に当てて軽く接着させておき、そのあと、少しずつしっかり押さえて接着する。アイロンを横にすべらせると、布と接着芯がずれてしまうので注意。スチームを出したほうがきれいに貼れる。どこに接着芯を貼るかは裁ち方図の指示に従う。

NG！

写真のように空気が入ったように見えたら、接着芯がしっかりくっついていません。上からもう一度しっかり押さえましょう。

おさいほうプラスアルファ +α

接着芯を貼った場合の印つけ

接着芯を貼る指示のあるパーツは、先に接着芯を貼って、その上に印をつけてから裁断します。

1章 おさいほうの基礎／ぬう前の準備

ぬいしろの下準備

布を折り上げてぬうときには、アイロンをかけて折り目をつけておきます。このひと手間で美しく仕上がります。ぬったあとにぬいしろを割る際にもアイロンは活躍するので、作業するときはそばにおいておきましょう。

❋ 二つ折りにする

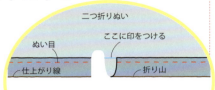

あらかじめ、ぬいしろの幅に印をつけておくと正しく折り上げられる。

布端を仕上がり線で二つに折り、折り山をアイロンで押さえる。

❋ 三つ折りにする

ひと折り目は、ぬいしろの幅より少し少なめに折ると、ふた折り目のラインと重ならずすっきり仕上がる。

まず、布端を仕上がり線より少し外側で二つ折りにし、アイロンをかける。次に、仕上がり線の上で折り、アイロンで押さえる。

おさいほうプラスアルファ +α

アイロンを活用しましょう

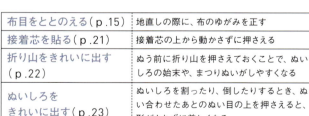

アイロンは、仕上げにかけるだけでなく、おさいほうの途中でも、多くの場面で活躍します。ここで、その役立て方をまとめて紹介します。アイロンを使うことで、ぬいやすくなり、仕上げたときに形がととのい、美しくなります。おさいほうをするときには常にそばに用意しておくと便利です。

布目をととのえる（p.15）	地直しの際に、布のゆがみを正す
接着芯を貼る（p.21）	接着芯の上から動かさずに押さえる
折り山をきれいに出す（p.22）	ぬう前に折り山を押さえておくことで、ぬいしろの始末や、まつりぬいがしやすくなる
ぬいしろをきれいに出す（p.23）	ぬいしろを割ったり、倒したりするとき、ぬい合わせたあとのぬい目の上を押さえると、形がよれずに美しくなる

❖ ぬったあと、ぬいしろを割る・倒す

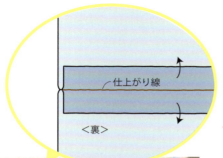

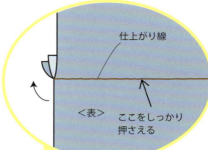

ぬい合わせたあと、ぬいしろを割る場合。ぬい目ギリギリから両側に開き、ぬい目をアイロンの先でしっかりと押さえる。

ぬい合わせたぬいしろを片方に倒す場合。裏側からかけずに、表側からぬい目のきわをアイロンの先でしっかりと押さえる。

ぬい目は、きわまでしっかり開きましょう

ぬい合わせた目は、しっかりと開いておくと、美しいラインに仕上がります。ぬい目ギリギリのところまで手で開き、爪でなぞりながら左右にしごいて跡をつけてからアイロンをかけるとよいでしょう。

1章 おさいほうの基礎／ぬう前の準備

Column

「がま口」の口金に合わせた型紙の描き方

p.104にがま口の作り方を紹介していますが、ここで自分が使いたい口金に合わせて描く方法を紹介します。

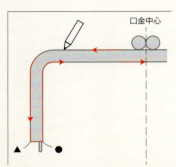

1 紙の上に口金をおき、中央から左側に向かい口金の外側と内側に沿って線を描く。

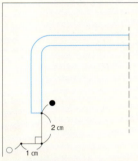

2 ●から下へ2cm、外側へ1cmの位置に印をつける（○）。

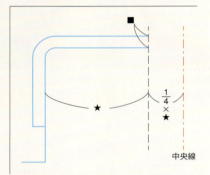

3 ★の長さをはかり、その1/4の寸法を中央側に足して線を描く。これを「中央線」とする。

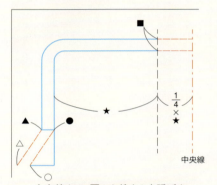

4 中央線まで、■から線を2本延ばす。●から○まで、斜めに線を描き、平行に▲からも線を描く（△）。

5 底は4で描いた線から、作りたい長さに合わせて線を描く。

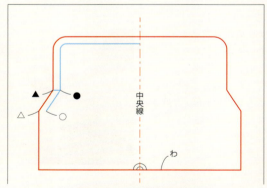

6 中央線で折って反対側に反転するように外側の線を写す。底を「わ」にした型紙のでき上がり。外側の線が仕上がり線になる。

2章

手ぬい

1章で必要な知識を学び、
下準備を終えたら、ぬい始めます。
この章で手ぬいの基本を説明します。
針に糸を通してちくちくぬう時間を楽しみましょう。

手ぬいの準備

まず針に糸を通し、糸端を結んでおきます。糸の通し方にもコツがあるので、覚えておくと便利です。
糸は1本どりでぬう場合と、2本どりでぬう場合があります。

❄ 糸の通し方

1 糸は40〜50cmくらいに切る。長すぎると毛羽立ったり撚りがからんでぬいにくくなる。

2 片手で針をもち、もう一方の手で糸をもって糸の先端を針穴へ通す。

3 針に糸が通ったら、糸を手でしごいてねじれを戻しておくと、ぬっている途中で糸がよれにくい。

point!

糸の撚りの向きに合わせて、糸端を斜めに切ると、針穴へ通しやすくなります。「糸を針に通す」のではなく、「針穴を糸に通す」ことをイメージするとよいでしょう。

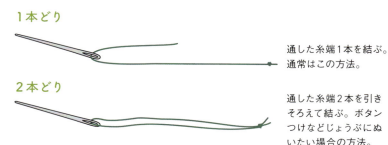

1本どり — 通した糸端1本を結ぶ。通常はこの方法。

2本どり — 通した糸端2本を引きそろえて結ぶ。ボタンつけなどじょうぶにぬいたい場合の方法。

❄ 針のもち方（指ぬきの使い方）

まず、指ぬきを針をもつ手の中指の第2関節あたりにはめる。針を、針先より3cmくらい手前で、親指と人さし指でしっかりともつ。指ぬきに垂直に当てて押し出すようにしてぬい進める。長くぬうときも指が疲れにくく、楽にぬえる。

+α おさいほうプラスアルファ

糸通しが簡単！お助け便利グッズ

デスクスレダー
上部に針をセットして、下部に糸をかける。ボタンを押すと糸が針穴に通る器具。デスクスレダー／クロバー

ワンタッチ針
針の頭
上側に凹みがあり、ここから糸を下の針穴に通せる。

❖ 玉結び（ぬい始めの糸端の始末）

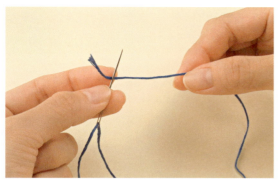

1　針に糸を通したら、糸端から2cmくらい手前をつまみ、針先に当てる。

2　針に糸を時計まわりに2回巻く。

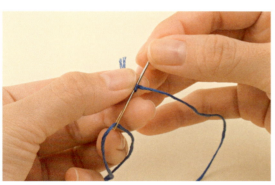

3　糸を巻きつけた部分を、針をもつ手の指先で、しっかりとはさんで押さえる。

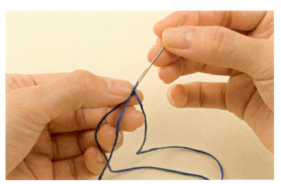

4　片手で糸を押さえたまま、もう一方の手で針を引き抜く。

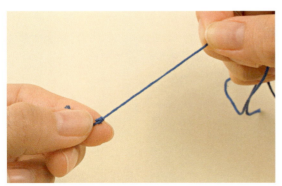

5　そのまま、糸端まで引き抜く。

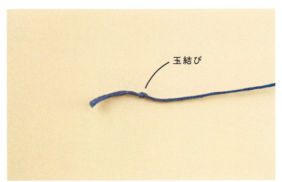

6　糸端に結び玉ができた。玉より先の糸は、約0.3cm残して切る。糸端を丸めて玉を作る方法より、確実に玉結びが作れる。

いろいろな本ぬい

手ぬいの基本のぬい方と、まち針のとめ方、ぬい終わった糸端の始末を紹介します。ぬうときは姿勢をよくし、肩や腕に力を入れすぎないように。初心者はあらかじめぬう線をチャコペンなどで描いておくと、ゆがみません。

❈ 並ぬい（運針、ぐしぬい）

最も基本となるぬい方。ぬい目は1cmに、3、4目程度。もっとこまかくぬうことをぐしぬいと呼びます。

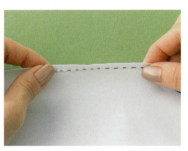

1 布にまち針を打っておく。親指と人差し指で針をもち、反対の手はぬい始めから約10cm布をぴんと張るようにもつ。針先が布と垂直になるよう刺す。

2 針をもつ親指を押し下げ、指ぬきで針の頭を押して進めながら、反対の手で布を上げ下げしてぬう。10cmくらいぬったら爪で糸をしごいて布をならす。

3 ぬい終わったら、全体的に糸をしごいて布をならす。裏で玉どめ（p.31）をする。

point! ぬい目が表でも裏でも同じになるようにぬう。ぞうきんなど布が厚い場合はぬい目を長くするとよい。

❈ まち針の打ち方

ぬう前に、重ねた布にまち針を打ってとめておきます。正しく打つと針が手に刺さりにくく、仕上がりもきれいなので、ぜひ覚えておきましょう。

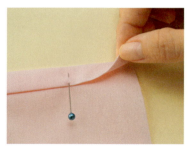

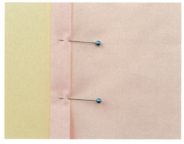

1 針はぬいしろの端から、ぬう方向に対して垂直に打つ。針を入れて出す間隔は0.3～0.5cm程度。針先は短く出す。

2 アイロン台の上で打つと針が動かず、しっかり布をとめられる。

3 まち針とまち針の間隔は5～8cm程度。布の中央、両端、その間の順に打つ。布の角は必ず打つ。ぬう直前に抜いていく。

❊ 本返しぬい（全返しぬい）

裏で2目分進みながら重ねてぬいます。表にぬい目がすき間なく並び、強度が高い。糸は、ぬう長さの3倍＋約20cm用意。

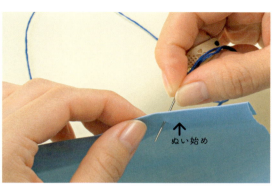

1 ぬい始めの位置より、1目分進んだ位置に、裏から表へ針を出す。

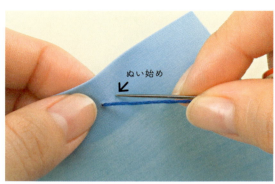

2 糸を全部引き抜き、1目分戻った位置に針を表から刺す。

3 糸を引き抜き、2目分先に裏から表へ針を出す。

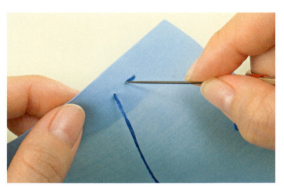

4 糸を引き抜く。1目分戻った位置（1で針を出した穴）に針を表から刺す。3と4をくり返す。

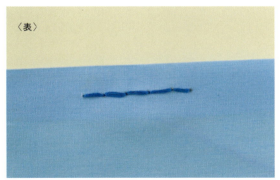

5 表も裏も糸のすき間がなく、表からはミシン目のように見える。糸を強く引きすぎないように注意する。

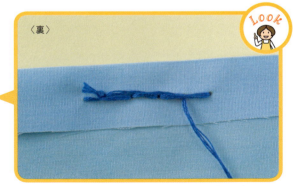

裏から見たところ。ぬい終わったら裏で玉どめ（p.31）をする。

❖ 半返しぬい

裏で1目分進んで半目戻るぬい方です。並ぬいと本返しぬいの中間の強度で、並ぬいのぬい始めにもぬい終わりにもよい。糸は、ぬう長さの3倍＋20cmくらい用意します。

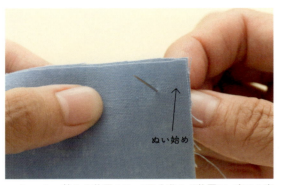

1 ぬい始めの位置より、1目分進んだ位置に、裏から表へ針を出す。

2 糸をすべて引き抜き、半目分戻った位置に針を表から刺す。

3 そのまま針先を1目分先に裏から表へ出す。

4 糸を引き抜く。半目分戻った位置に針を表から刺し、1目分先に出す。これをくり返す。

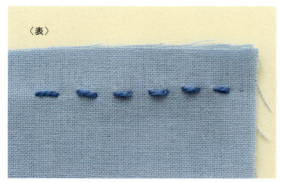

5 ぬったところ。表からは並ぬいのように見える。糸を強く引きすぎないように注意する。

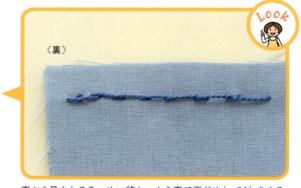

裏から見たところ。ぬい終わったら裏で玉どめ（p.31）をする。

❖ 玉どめ（ぬい終わりの始末）

ぬい終わったり、ぬう途中で糸がなくなったら、糸がほどけないよう結び玉を作ってとめておきます。

1 ぬい終わりのぬい目のきわで、針に糸を2回巻く。ぬう途中の場合は、糸端が約15cm残っているところで作る。

2 1で巻いたところを、針をもつ手と反対の手の親指でしっかり押さえる。

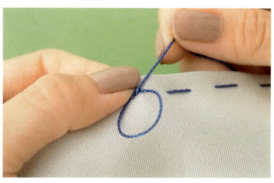

3 糸を押さえたまま、もう一方の手で針を引き、そのまま糸を引き抜く。

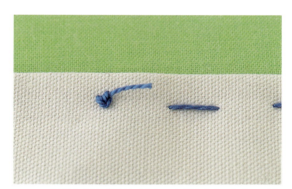

4 玉どめの結び玉ができた。糸端を0.2〜0.3cmくらい残して切る。目のあらい布は、3、4回巻いて大きな結び玉を作る。

おさいほうプラスアルファ

糸が短くて玉どめができない場合

残りの糸が短くなりすぎてしまって、普通の玉どめができない場合は、下記の方法でとめましょう。

1 刺し終わりの位置で針から糸を抜き、残りの糸を針先に2回巻きつける。

2 針に糸端を通す。

3 針をそのまま、巻きつけた糸から引き抜く。

いろいろなまつりぬい

表からぬい目が見えないようにぬい合わせること。おもにすそやそで口などに使います。
いくつかのぬい方があるので、目的に合った方法を選びます。

※わかりやすいよう目立つ糸を使っていますが、実際は布と同じ色の糸を使い、表に糸が出ても目立たないようにします。

❖ まつりぬい

一般的なまつり方。裏を見ながらぬい、
表は控えめにすくうと目立ちにくいでしょう。

1 糸は1本どりで、布端や折り山から0.3〜0.5cmの位置で、玉結びが裏に隠れるようぬいしろの裏から針を出す。

2 糸を引き抜いたら、約1cm先の表布を裏から少しだけすくい、ぬいしろの裏から針を入れ、布端や折り山から0.3〜0.5cmの位置に針を出す。

すくう分量は、表にひびかないよう極力少なめに。

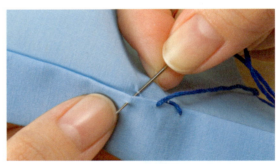

3 1、2をくり返す。ぬい目の間隔は1〜1.5cmくらいで、もう少し長めでもよい。

4 続けてぬったところ。ぬい終わったら裏で玉どめ（p.31）をする。

表から見たところ。

❖ おくまつり

ぬい目が布の間に隠れるよう布端から約1cm内側でまつる方法。
糸をひっかけることがなく、スカートやパンツのすそ上げに向いています。

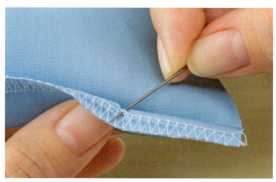

1 ぬいしろの端を折り返して、ぬいしろの裏から少しだけすくって糸を引き抜く。

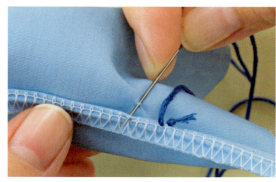

2 約1cm先で表を少しだけすくい、1と同様に、ぬいしろの裏から少しだけすくって、糸を引き抜く。これをくり返す。

UP!
すくう分量は極力少なめに。

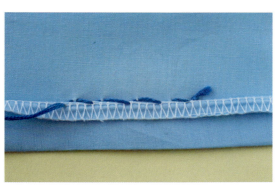

3 ぬいしろの端を折り返して、ぬいしろの裏側をすくって糸を引き抜く。ぬい終わったら裏で玉どめ（p.31）をする。

〈表〉

4 表から見たところ。

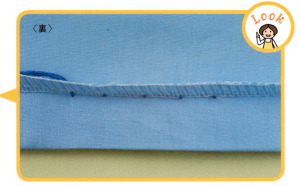

〈裏〉

折り返していたぬいしろを戻すと、ぬい目が隠れて見えない。

❖ 千鳥がけ

千鳥の足跡のように糸を交差させたぬい方。布がしっかり押さえられるので、ジグザグミシンのかわりに裁った布端をとめるときにも使います。

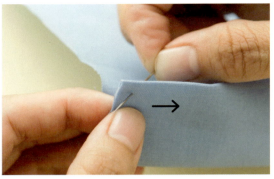

1 糸は1本どりで、とめたい位置の左端から約0.5cm右側、折り山から約0.5cm内側に針を出す。左から右方向にかがっていく。

2 糸を引き抜いたら、0.5cmほど右側の表を、折り山のきわで裏から右から左へ少しだけすくう。

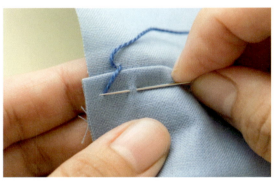

3 糸を引き抜いたら、1のぬい目の1cm右側で布を右から左へ少しだけすくう。

4 糸を引き抜いて、2の針目の1cm右側を同様にすくっていく。すくう分量は極力少なめに。

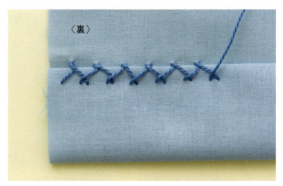

5 裏から見たところ。表をすくう位置は、裏の折り山と接しているところ。ぬい終わったら玉どめ(p.31)をする。

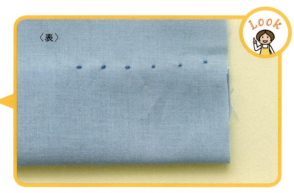

表から見たところ。ぬい目はほとんど目立たない。

❖ たてまつり

糸が縦に渡るようまつる方法。アップリケをする際にも使いますが、しつけ（p.36）であらかじめとめておきます。目立つ色でぬってアクセントにしてもよいでしょう。

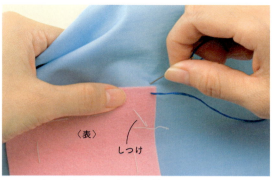

1 裏から針を出し、糸を引き抜いたら土台の布に針を刺す。そのときに糸が布端に対して垂直になるように刺す。

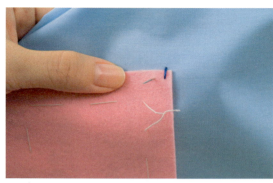

2 糸を引き抜いて、0.5cmほど先に、裏から針を出す。

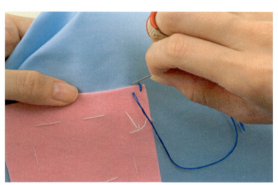

3 1、2をくり返す。

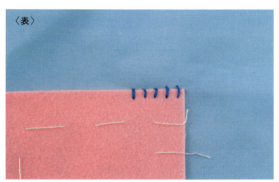

4 まつり終わったところ。表では糸が縦に渡る。

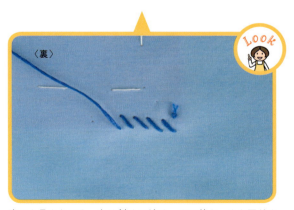

裏から見たところ。糸は斜めに渡る。ぬい終わったら玉どめ（p.31）をする。

しつけ

本ぬいの前や、アップリケ布がずれないよう仮にぬいとめること。本ぬいする仕上がり線を少しよけて、しつけ用の弱い糸で、あらいぬい目でぬいます。あとで糸を抜くので、ぬい目はそろえなくて大丈夫です。

❉ しつけ糸

しつけ用の弱い糸。「しろも」と呼ばれる生成りのものが一般的。「かせ」のものは、最初に使う前に下準備が必要です。

しつけ糸は写真のような「かせ」の形で売っていることが多い。

1 ラベルをはずし、ねじれを戻し、輪になった糸の2カ所を写真のように別糸で結び、反対側の1カ所を切る。

2 使うときは、両端を押さえ、別糸で結んだ2カ所の間から1本ずつ糸を引き出して使う。

❉ しつけのかけ方

1 まち針を、ぬいつける布の端から中央に向かって打つ。写真ははぎれなので、四隅のみに打っている。

2 糸端は玉結びせず、本ぬいの位置より、約1cm内側を大きな針目でぬっていく。

3 角などポイントとなる部分は、針を刺してしっかりと押さえる。

4 しつけは、1針ずつ糸を引き抜き、つれないように注意する。

5 しつけをかけ終わったらまち針を抜き、玉どめせず、余った糸を長めに残して切る。本ぬいが終わったら引き抜く。

3章

刺しゅう

刺しゅうをするために必要な用具は、
刺しゅう糸、刺しゅう針、布、わくの4つだけ。
特に難しい技法はないので誰でもすぐに始められます。
基本を覚えたら自由に刺してみましょう。

刺しゅうの準備

刺しゅうに必要な用具と扱い方を紹介します。刺しゅう糸は、あらかじめ取り分けて、針への通し方を覚えることが肝心。あとは布に図案を写してわくに装着して、刺し始めましょう。

❈ 刺しゅうの材料と用具

刺しゅう糸
多くの色、太さ、素材の違う種類があるが、綿100％で、細い糸6本で撚られた「束」になっている25番タイプが一般的。ラベルに色番号やメーカー名が書いてある。取り分け方はp.39参照。

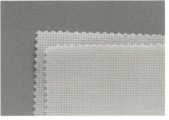

刺しゅう布
刺しゅうを刺す布。初心者は、薄手の綿や麻がおすすめ。刺しゅうの種類によっては専用の布がある。下はクロスステッチ専用の布。

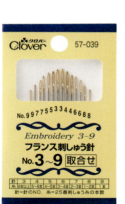

刺しゅう針
刺しゅう専用の針。刺しゅう糸が通しやすいよう針穴が縦長になっている。太さが数種類あり、25番刺しゅう糸で3本どり以下なら6、7番が、3本どり以上なら3、4、5番がよい。糸の通し方はp.40参照。

刺しゅうわく
布をぴんと張り、よれたり縮んだりしないようにするフレーム。二重わくの間に布をはさむ。サイズが数種類あり、手でもって中指が中央に届くくらいの大きさが使いやすい。使い方はp.40参照。

❖ 刺しゅう糸の準備

〈 25番刺しゅう糸の取り分け方 〉

6本の糸が撚られている状態が1束。束で引き出して切り、必要な本数を取り分けて使う。

1 ラベルの上あたりをもち、束を40〜60cmほどを引き出してはさみで切る。ラベルははずさない。

2 1を半分に折って、折り山から1本ずつ必要な本数を引き出す。必ず1本ずつ静かに抜くこと。

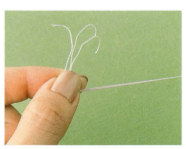

3 糸をそろえてしごく。2で残った糸はあとで使えるよう、元の房に巻きつけておく。

〈 5番刺しゅう糸の取り分け方 〉

25番より太くて撚りが甘く、存在感がある糸。しつけ糸と同様に取り分けて扱う。

1 ラベルをはずし、1、2カ所を別糸で結び、輪の1カ所を切る。

2 糸を1本ずつ引き出して使う。ラベルは再び通しておく。

> **point!**
> 刺しゅう糸は1回に40〜60cmを目安に切って使います。長すぎると、刺しているうちにこすれて毛羽立ち、つやがなくなります。また指定が何本どりであっても、必ず束から1本ずつ引き出して、そろえること。

❈ 刺しゅう糸の針への通し方

刺しゅう図案の「○本どり」という指定に従いあらかじめそろえて、一度に通します。

1 指定の本数の糸を用意し、先端を二つに折ってもち、針の頭にかける。そのまま右手の親指と人さし指で糸の先端がとがるように押さえる。

2 針を下に引き抜き、二つに折った糸の頭を針穴に通す。

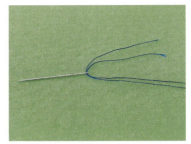

3 2本どりの糸が針に通ったところ。手ぬい糸の「2本どり」と違い、使う本数を針穴に通すので注意。

❈ 図案の写し方

本から図案を写し、その図案をチャコペーパーとペンで布に写します。

1 本の図案の上に薄紙をおいてなぞるか、コピーをとる。布の上にチャコペーパーをおき、写した図案をのせて、上からなぞる。

2 写し終わったところ。

❈ 刺しゅうわくの使い方

一般的な刺しゅうわくは二重になっていて外わくのねじで布の張りかげんを調節します。

1 外わくのねじをゆるめて、内わくをはずす。

2 布を内わくの上にしわにならないようおき、外わくを重ねる。

3 布を張りながら外わくのねじをしっかり締める。

基本のステッチ

基本のステッチを6種類紹介します。この6つだけで応用力抜群。糸端は玉結びしてから刺し始めます。
横に刺すときは、糸の撚りがほどけないよう右から左に刺すのが基本です。

❋ ストレートステッチ

まっすぐ1本線を刺すだけの最もシンプルなステッチ。
多くのステッチの基本となります。

1 刺し始めの位置に裏から針を出し、糸を引き抜く。

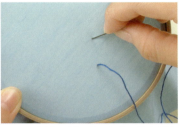

2 図案の端に表から裏へ針を刺す。

3 ひと目でき上がる。刺し終わったら裏側で玉どめ(p.31)をする。

❋ アウトラインステッチ

輪郭線を刺すときに多く使うポピュラーなステッチ。
ぬい目が斜めになるので曲線がきれいに刺せます。

1 刺し始めの位置に裏から針を出し、糸を引き抜く。

2 進行方向の2cm程度先で刺し、糸を引き抜く。

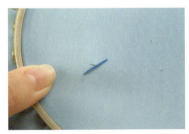

3 2のステッチの中央あたりに、裏から針を出す。このとき、2のステッチをよけて、図案のラインどおりに刺すこと。

4 糸を引き抜き、2、3をくり返す。

5 ぬい目が斜めに重なることで曲線を刺すのも簡単。針目を短く刺せばラインが太く、長く刺せば細くなる。

刺し終わったら裏側で玉どめ(p.31)をする。

✤ チェーンステッチ

くさりのような輪を刺すステッチ。下から上に向かって刺します。輪の形を生かして花びらや葉を刺すこともあります。

1 刺し始めの位置に裏から針を出し、糸を引き抜く。

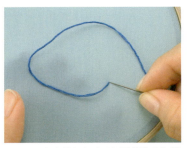

2 糸を輪にして、1と同じ針穴に表から針を刺す。

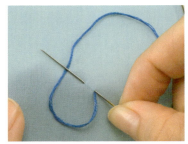

3 ひと目分先に針を出し、輪にした糸が針の下をくぐるようにする。

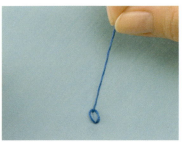

4 針と糸を引き抜くと、輪ができる。

5 3と同じ針穴に表から針を刺し、糸を輪にする。

6 2〜5をくり返す。きれいなチェーンになるよう、糸を引きすぎないこと。

7 刺し終わりは、最後の輪のすぐ外側に表から針を刺し、糸を引き抜く。

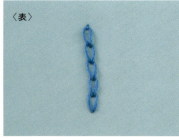

8 〈表〉チェーンの大きさをそろえて刺すのがポイント。

〈裏〉刺し終わったら裏側で玉どめ（p.31）をする。

❖ バックステッチ

本返しぬい（p.29 参照）と同じ。
1針前の針穴に戻りながら1本の線に見えるように刺します。

1 刺し始めの位置から1針分進んだところに裏から針を出し、糸を引き抜く。

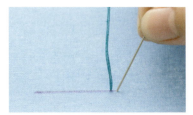

2 刺し始めの位置に針を入れる。

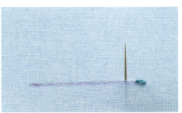

3 1針分先に針を出す。

4 1と同じ針穴に針を刺す。

5 3、4をくり返す。〈表〉

〈裏〉 刺し終わったら裏で玉どめ（p.31）をする。

❖ フレンチノットステッチ

針に糸を2、3回巻きつけ小さい結び玉を作るステッチ。
フレンチナッツとも呼びます。

1 図案の指定の位置に裏から針を出し、針に、2、3回糸を巻きつける。回数は図案の指示に従う。

2 そのまま1の針穴に針を入れる。

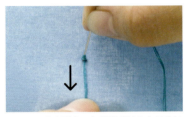

3 糸を引き、穴ギリギリのところに巻いた糸を寄せる。

4 巻いた糸がほどけないように、糸を引きながら裏に針を引き抜く。

5 引き抜いているところ。

6 〈表〉結び玉ができたところ。刺し終わったら裏で玉どめ（p.31）をする。

❖ サテンステッチ

面を埋めるように刺すステッチ。
自由な方向に刺してよいが、図案の線より外側のきわに刺すときれいです。

1 刺し始めの位置に裏から針を出し、糸を引き抜く。

2 刺したい糸の向きで、図案の上から針を入れる。

3 2の糸と重ならないよう、すぐ隣に針を出す。これをくり返して進める。

4 糸の向きをそろえて、図案を塗るように糸で埋めていく。

刺し終わったら裏で玉どめ(p.31)をする。

❖ ブランケットステッチ

縁をくるむようにステッチするので、縁かがりやアップリケに使われます。ボタンホールステッチとも呼びます。

1 縁から0.5cmほど内側に、裏から針を出し、糸を引き抜く。

2 糸で輪を作り、針を出した穴の約1cm先に針を刺す。

3 針先を裏から布端に出し、輪にした糸の内側を通す。

3章 刺しゅう／基本のステッチ

4 針と糸を引き抜く。

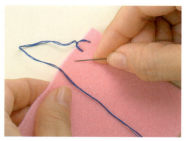

5 2〜4をくり返す。

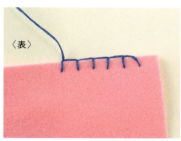

6 針を刺す位置は布端と平行にすると仕上がりがきれい。

縁かがりにする場合、裏からも見えるので、等間隔になるように刺すときれい。

7 1周刺す場合は、刺し終わりで、刺し始めのひと目をすくう。

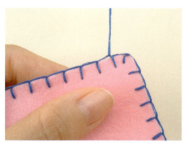

8 糸を引き抜く。強く引きすぎると角がつぶれるので注意。

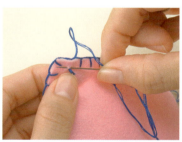

9 最後は針で裏の布の織り糸をすくう。針先が表まで通らないよう薄めにすくう。

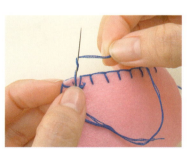

10 刺し終わったら裏で玉どめ（p.31）をする。

11 刺し始めと刺し終わりのステッチをつなげると違和感がなくきれいに仕上がる。

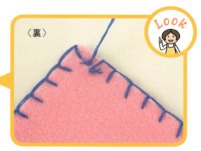

裏から見たところ。

45

ひらがなと数字のサンプラー

名前やメッセージを刺すのに役立つサンプラーです。ステッチはこまかく刺すのがコツ。自分で描いた文字をなぞる場合は、文字の大きさと文字間のあきをそろえるときれいに仕上がります。刺しゅう糸は3本どりで刺しています。

3章 刺しゅう／基本のステッチ

名前刺しゅう入りハンカチ

左ページのサンプラーを使った名前つけの例です。子ども用には、マークを入れておくと目印になってまちがえません。

4章

ミシンぬい

家庭用ミシンの基本操作と
知っておくと便利なファスナーつけ
布端の始末を解説します。ミシンぬいでできる
簡単な小ものの作り方もp.83から紹介しています。

ミシンぬいの準備

ミシンは、上糸と下糸をからませてぬい合わせる機械。使い始める前に、基本知識と操作を知っておきましょう。家庭用、職業用、ロックミシンなどがありますが、一般的な家庭用ミシンで説明します。

✦ ミシンと付属品

部位の名称とはたらきを知っておきましょう。
上糸のかけ方などの操作は各ミシンの取扱説明書を参考にします。

✦ ミシン（家庭用）

直線ぬい、ジグザグぬいなどができるミシン。さまざまな製品があり、スペックも異なり、価格帯の幅も広いが、基本操作ができれば一般的なものはぬえます。

ミシン／ジャノメミシン ヨーコ・ノギ ソーイングマシーン（清原）

上糸調節ダイヤル
上糸の糸調子を正す際に使う。強すぎるときは数字を小さく、弱すぎるときは大きく合わせる。

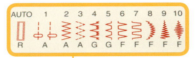

ステッチメニュー
機種によって異なるが、直線ぬいとジグザグぬいがあればOK。

糸立て 使用中は上糸用のミシン糸を棒に通しておく。

はずみ車
プーリーともいう。まわすと針が上下に動くのでこまかいところや布の厚いところをぬう際には手でまわして針を動かす。

押さえレバー
押さえ金を上下させる。ぬう最中は下げて布を押さえておく。

ミシン針
ミシン専用の針。詳しくは、p.14参照。

ぬい目調整ダイヤル
ぬい目の長さを決める。

下糸用水平釜
下糸を巻いたボビンを収めておく釜。

返しぬいスイッチ（レバー）
ぬう方向を逆向きに変える際に押す。

✦ 付属品

付属品も多くありますが、最低限必要なものを紹介します。

ボビンとボビンケース
ボビンに下糸を巻き、ボビンケースに収めて、下糸用の釜に入れて使う。家庭用ミシンには、ケースが不要なタイプもある。

押さえ金
布を押さえる金具。直線ぬい、ジグザグぬい、ボタンホールなど用途によって使い分ける。

フットコントローラー
スタート、ストップを足元で操作する道具。両手が使えて速度も調節できるので、ミシン本体についているボタンやレバーで操作するより便利。

ぬう前の操作

直線ぬいのぬい目の長さ（送り幅）、ジグザグぬいのジグザグの幅（振り幅）をあらかじめ決めておき、試しぬいをして、上糸と下糸のバランスをととのえておきます。

❖ ぬい目の長さを決める

直線ぬいの場合は、布の厚さや目的でぬい目の長さ（送り幅）を選びます。ジグザグぬいは、布の始末に使い、布の目が「あらい」か「こまかい」かで幅（振り幅）を選びます。いずれも右の図を参照。ミシンによってダイヤルが変わるので、必ず試しぬいをして決めましょう。

送り幅（振り幅 0）
（　）内は 1 cmあたりのぬい目の数

- 1 (7) 薄地
- 2 (6) 普通地
- 3 (5) 普通地
- 4 (4) 厚地

ジグザグぬいの振り幅

- 1 薄地／目のこまかい布
- 2
- 3 普通地
- 4 厚地／目のあらい布

❖ 糸調子をととのえる

実際にぬう布と同じ布で試しぬいをし、右のイラストのように針目が正しくない場合は、以下の方法で調整を。このままぬうと、ぬった糸がほどけてしまうこともあります。
上糸がつれている場合は、上糸が正しくかかっているか、布と糸のバランスが悪くないか（p.14参照）をチェックします。
下糸がつれている場合は、ボビンが正しくセットされているか、ボビンの巻き方が偏っていないかチェック。その後、上糸調節ダイヤルでととのえます。
ミシンは自動で布を送ります。ぬいながら布を引っぱると、糸調子をととのえても糸がつれるので、気をつけましょう。

基本のぬい方

さっそくミシンぬいを始めてみましょう。基本は、ぬい始めとぬい終わり、直線ぬい、曲線ぬいと、角のぬい方がわかれば大丈夫。最初は、はぎれで練習しましょう。

❖ ぬい始めの返しぬい

ミシンぬいでは、ぬい始めとぬい終わりに返しぬいをして、糸がほつれるのを防ぎます。まずぬい始めの方法を説明します。

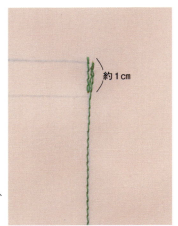

わかりやすいようミシン目を重ねていないが、実際は1本の線上に重なるようにぬう。

1 ぬい始める位置にミシンの針を落とす。

2 押さえ金をおろして約1cmほどぬう。慣れないうちは、手ではずみ車をまわして1cm進めてもよい。

3 ミシンについている「返しぬい」スイッチを押して、1の位置まで返しぬいをする。

❖ 直線のぬい方

基本となるぬい方。正しくまっすぐぬうポイントは目線です。つい手元の針先を見つめてしまいがちですが、背筋を伸ばし、進行方向の先を見るようにするとぬい目がぶれません。

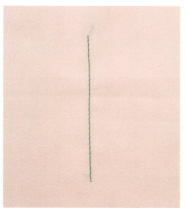

これはNG！

仕上がり線の上をぬう。押さえ金やミシンにあるガイドではかりながら仕上がり位置をぬうとよい。

手は押さえ金の少し手前におき、直線ぬいモードにしてぬう。布はミシンが自動的に送るので、押さえたり、引っぱったりせず、方向だけを調節する。

ぬいながら布を引っぱったり押したりしないように。ぬい目がゆがんだり、布がひきつれる原因に。

❖ 曲線のぬい方

バッグや、えりぐり、そでぐりなどのカーブのぬい方です。
できばえに影響することが多いので、自然な曲線をぬえるよう練習しましょう。

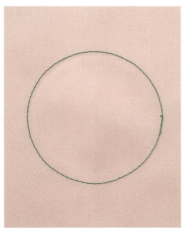

直線ぬいとは違い、押さえ金を見ながらぬう。押さえ金の向きとぬう線が常に同じになるよう布を手でまわして送る。

1 布は、進行方向が針の左側にくるようにセットする。カーブをきれいにぬいたいときはできるだけ細かい目でぬうとよい。

2 ぬう線が体と垂直に向くように、布を手で送りながらぬう。あまり強引に送るとゆがむので、左右の手でバランスをとり、ゆっくりぬい進める。

❖ 角のぬい方

ここでは直角をぬう場合のぬい方を紹介します。いろいろな角度の場合も同様で、角をきれいに出すようにぬいましょう。

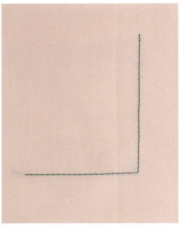

角に針を落とすのがきれいに仕上げるコツ。針と押さえ金を上手に使いましょう。

1 角が近づいたらミシンのスピードを下げる。

2 角の直前でミシンをとめる。手ではずみ車をまわして針を進め、角に針をおろし、押さえ金を上げる。

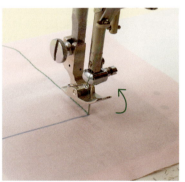

3 針は布に刺したままにして、布を直角に回転させる。

4 押さえ金をおろし、そのまま直線をぬう。

おさいほうプラスアルファ +α

まち針は抜いてからぬう

ミシンをかける前、まち針で布をとめておきますが、刺したままでぬうと、ぬい目が飛んだり、針が折れて体に刺さる危険があります。

押さえ金の端の直前で抜く。あまり早く抜くと布がずれる場合がある。

❖ ぬい終わりの返しぬい

ぬい始めと同じように返しぬいをして、糸がほつれないようにします。

線が重なるようにぬう。

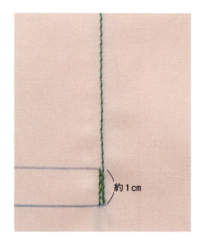

約1cm

1 ぬい終わりの位置までぬう。

2 「返しぬい」スイッチを押して、1cmほど返してぬう。

3 もう一度ぬい終わる位置までぬう。ぬい終わったら、押さえ金を上げて、布をミシンからはずして、糸を切る。
※自動で糸が切れるミシンもある。

+α おさいほうプラスアルファ

ぬいまちがえたときの糸のほどき方

ぬいまちがえたときは、リッパー（p.9参照）を使ってぬい目を切っていきます。布を傷めないよう気をつけて行いましょう。

ここをほどく

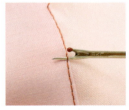

1 まちがえた位置でぬい目にリッパーを差し込み、ぐっと押してぬい目を切る。まちがえた位置の前後数cmをほどく。

2 数目ごとくり返してぬい目を切り、糸をつまんでほどく。

3 裏側の糸を同じ位置まで引く。

4 糸をほどき、前後を、数目重ねてぬう。

ファスナーのつけ方

ファスナーの種類と、一般的な片どめファスナーを使って、金具が見える「つき合わせ」でのぬいつけ方を解説します。バッグなどで使われる方法です。

❖ ファスナーの種類

「ムシ」「コイル」などと呼ばれる中央のパーツの素材や形状が異なる種類があり、目的や布地によって使い分けます。一般的なタイプを紹介します。

a 片どめファスナー
あき止まりにとめ具がついているファスナー。最も一般的なタイプ。

b オープンファスナー
とめ具がないのでスライダーがはずれて開くファスナー。ジャケットの前あきなどに使われる。

c 片どめ樹脂製ファスナー
ムシがエフロン、ビスロンなど樹脂製のファスナー。やわらかいので薄い布にも合わせやすく、ミシンで上をぬえるので好みの長さにして使える。

d コンシールファスナー
ムシ部分が表から見えないファスナー。ワンピースやスカートなどに使われる。「コンシール押さえ」という専用の押さえ金が必要。

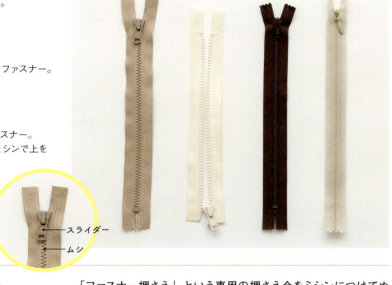

❖ ファスナーのつけ方（片どめファスナーの場合）

「ファスナー押さえ」という専用の押さえ金をミシンにつけてぬいます。袋ものなどは、ファスナーを閉じてぬうと、つけ終わってからあきにくくなることがあるので注意しましょう。

ファスナー押さえ
片側だけを押さえるのでムシに押さえ金がのらず、ムシのきわがぬえる。

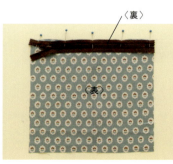

1 ぬい合わせる位置で、片側の布と中表になるように重ねる。

2 スライダーを途中まで下げて、ムシの端に針を落とす。ぬう位置は作品のぬい方図の指示に従う。

3 返しぬいをしてぬい始める。

4 スライダーの手前までぬう。

5 いったん押さえ金を上げて、スライダーを針の向こう側に送り、押さえ金をおろして続きをぬう。

6 ぬい終わったところ。

7 ファスナーを表に返して、まち針でとめる。

8 布の折り山のきわをミシンでぬって押さえる。

9 ぬい終わったところ。

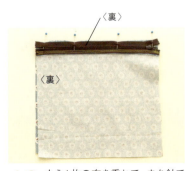

10 もう1枚の布を重ねて、まち針でとめる。

11 2〜8と同様にぬう。ぬい終わったところ。

> **point!**
> 手芸店によっては、ファスナーのとめ具の位置をずらして好みの長さに変えてくれるサービスがあります。お店で尋ねてみましょう。

4章 ミシンぬい／ファスナーのつけ方

布端の始末

ミシンでできる布端の始末の方法を紹介します。
布や作るアイテムで向いている方法を選びますが、フェルトやビニール素材などはほつれないので始末不要です。

❋ ジグザグミシン

多くの布に向いている一般的な方法。ミシンについているジグザグぬいの機能を使って始末します。

❋ 三つ折りぬい

布端が見えないため見た目が美しく、ほつれる心配がありません。手ぬいでもできます。厚みが出るのでウエアのわきなどには不向きです。

仕上がり線

仕上がり線をアイロンで折り、さらにぬいしろを2等分より少なめに内側に折る。内側の折り山の少し外側をぬう(p.22)。

❋ 袋ぬい

2枚の布を合わせて始末する方法。布端が見えないので美しく、ほつれません。バッグのぬいしろの始末などによく使われます。

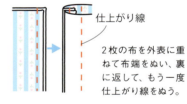
仕上がり線

2枚の布を外表に重ねて布端をぬい、裏に返して、もう一度仕上がり線をぬう。

おさいほうプラスアルファ +α

ピンキングばさみで裁つ

刃がギザギザになったはさみで、布端を裁つだけの最も簡単な方法。フリースやフェルトなどほつれにくい布や、洗濯をしない小ものなどに向く。

ピンキングばさみ

刃がギザギザなので切り口がギザギザになるはさみ。波形刃もある。
はさみ／清原

ロックミシンを使う

布をかがる専用のミシンで始末する方法。既製品の始末と同様にかがれる上、布を裁ちながらできるので早い。ロック糸の本数が3本のものと4本のものがある。

ロックミシン

かがりぬいや、ニットをぬうミシン。プロユースのイメージがあるが、ソーイングファンに愛用者が多い。

ミシン／baby lock
「糸取物語」BL22EXS

❄ テープでくるむ

細長い布で布端をくるむ方法。おもにバイアステープと呼ばれる、布目に対して「正バイアス（45度）」に裁断したテープを使います。デザインのポイントにもなり、豊富な種類が市販されていますが、とも布を裁っても作れます。

バイアステープの種類

両折りタイプ

両側が折られている最も一般的なテープ。布端をくるんだり、見えないよう内側につけることもできる。素材は平織りやニットなどさまざま。模様が入った華やかなものも多い。

縁どりタイプ

両折りのテープをさらに二つ折りにしたもの。布端をくるんでぬうだけで簡単に端の始末ができる。

バイアステープの作り方
（テープメーカーを使う方法）

気に入った布でテープを作ることができます。
何本かに分けて裁ち、ぬい合わせることで布の使用量が抑えられ、むだも出ません。

テープメーカー
バイアステープをきれいに折るための専用の道具。作りたいテープの幅に合わせて選ぶ。

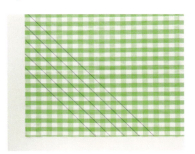

1 布は地の目を通しておく（p.15参照）。正バイアス（45度）になるよう布に線を描いて必要量をはかる。

2 必要な分量の布を裁つ。ロータリーカッター（p.19）を使うと、早く正しく裁てる。

3 写真と同じ角度になるよう、布端2枚を中表に合わせる。

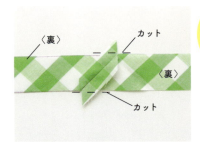

4 斜めになるようぬい合わせる。ぬいしろを開き、布からはみ出た部分はカットする。

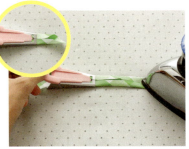

5 テープメーカーに通すと、両端が折られて出てくる。少しずつ引き出しながらアイロンをかける。

6 でき上がり。しっかりさせたいときは、テープ状の接着芯をはるとよい。

バイアステープのくるみ方〈直線の場合〉

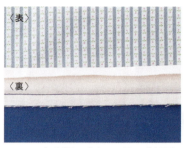

1 布の表にバイアステープを裏にしてのせ、折り目の上をミシンでぬう。

2 布を裏にしてテープでくるみ、まち針を打つ。テープは、1でぬったぬい目の上を約0.2cm多くかぶせるように折って、まち針でとめる。

3 表のテープの上はぬわないよう、布端のきわをぬう。裏ではテープの上でぬわれている。裏のテープがぬわれているかは、人さし指で裏をさわり、確認しながらぬうとよい。

バイアステープのくるみ方〈曲線の場合〉

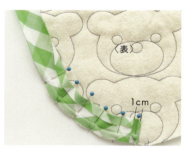

1 テープの端を1cmくらい折り返して、表の布端に沿ってテープを重ね、まち針をこまかく打つ。

2 1周まち針を打ち終わったところ。とめ終わりは、始めと2cm程度重なるようにして、余分を裁つ。

3 テープの上を1周ぬう（p.53参照）。

4 裏返し、3でぬった目の上に約0.2cm多くかぶるように折り、まち針でとめる。

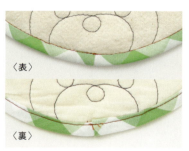

5 表側から見て、テープのすぐきわをぬう。そうすると、裏側ではテープの端がぬわれている。

6 ぐるりと1周ぬい終わったところ。

5章
暮らしの中の おさいほう

ボタンつけや、つくろいものなど
日々の暮らしに役立つおさいほうを紹介します。
手がかかることですが、ものを大切にすることになり、
ひと針ひと針ぬう時間も心豊かに暮らすことにつながります。

※すべてわかりやすいよう目立つ糸を使っていますが、実際は布と同色の糸でぬいます。

ボタンのつけ方

とれてしまったボタンのつけ直し方は、覚えておくとすぐに役立ちます。
簡単で、じょうぶにつけられるコツを紹介します。

❖ ボタンの種類

ボタンは大きさ、素材、形など数多くの種類があります。代表的なものとつけ方を紹介します。とれたボタンをなくしてしまったときは、ボタンの直径と同じ大きさのものを選ぶとよいでしょう。

二つ穴ボタン
最もポピュラーなボタン。簡単につけられて厚みも出ない。さまざまな素材があり、左はシャツなどでおなじみの貝製、右はコルク製。

四つ穴ボタン
二つ穴のものより糸が2倍強、布に渡るので、しっかりつけられるボタン。糸のかけ方は2列でも十字でも四角でもよい。

足つきボタン
裏についた足でつけるボタン。穴が表に出ないのでデザイン性が高く、飾りとしても使える。高さが出るので厚地のウエアにも向く。

くるみボタン用ボタン
好みの布でくるめば、くるみボタンが簡単に作れるキット。とも布で作ることも多い。

力（ちから）ボタン
ボタンをつける布の裏側に同時につける小さなボタン。ボタン同士で引き合うので布を傷めず、強度が増す。

ボタンつけに使う糸

20〜30番手のボタンつけ用の糸がおすすめ。通常の50番より太くてじょうぶ。

❖ 二つ穴、四つ穴ボタンのつけ方

基本的なつけ方は共通。ボタンをとめやすく、はずれにくくするため、布の厚みと同じくらいの高さ（足）を糸で作るのがポイント。

1 針に糸を通し、糸端を玉結び（p.27）する。ボタンつけの位置に裏から針を出し、ボタン穴に通す。

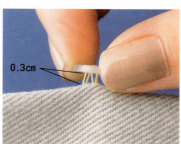

慣れないうちは、ようじやマッチ棒をはさむと簡単に0.3㎝の高さが作れる。

2 ボタンが布から約0.3cm浮くように、穴に糸をゆるめに2、3回通す。※あける高さは布の厚さによって異なるが、普通の布なら約0.3cm。

3 2で通した糸に、糸をきつめに3、4回くるくると巻いて足を作る（ようじを使ったらはずす）。

4 裏側に糸を出して玉どめ（p.31）をして糸を切る。

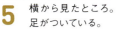

NG！

5 横から見たところ。足がついている。

布にぴったりつけるととめはずししにくい。飾り用ならこれでもOK。

❖ 足つきボタンのつけ方

糸で足の高さをつける作業がなく、慣れない人でも楽につけられます。

針に糸を通し、糸端を玉結び（p.27）する。ボタンつけの位置に裏側から針を出し、ボタンの穴に通す。3、4回きつめに通し、裏側に糸を出して裏で玉どめ（p.31）をする。

❖ 力ボタンのつけ方

糸は2本どりにし、表のボタンと2つ同時につけていきます。ジャケットなど厚い布につけることが多いので慎重に。

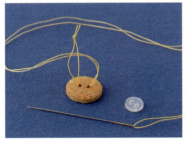

point! 玉結びした糸端に糸を通しておく。

1 針に通した糸端を2本合わせて玉結び（p.27）する。ボタン穴に針を通し、糸の輪にくぐらせる。

2 布をはさんで表のボタンと力ボタンの穴に、糸を2、3回ずつ通してつけ、表側に糸で足をつける（p.63-2、3参照）。裏側に糸を出して玉止め（p.31）をする。

おさいほうプラスアルファ **+α**

力ボタンは力布でも代用できます

力ボタンがない場合、代わりに小さな円形に切ったフェルトなどを使うことを力布といいます。力ボタンと同じ、ボタンを引っぱることで布が傷むのを防ぐ役割をし、ボタンつけの強度が増します。

〈表〉

〈裏〉

スナップボタンのつけ方

凸と凹の2つのパーツをぱちんととめるだけのボタン。
力がいらず簡単にとめられるので、子どもや年配の人にも向いています。

❖ スナップボタンの種類

サイズは、直径0.7〜1.4cmくらいが一般的です。大きいほうがしっかりとまりますが、まわりの布に力がかかるので、薄手の布には小さなものが向いています。

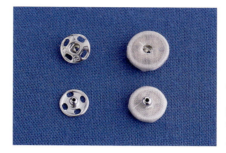

上が凹、下が凸で2個1組となる。左：スタンダードな金属製。安価で入手しやすい。右：布でくるんだタイプ。エレガントな服などに向く。

❖ つけ方手順

洋服につける際は、上前に凸、下前に凹のパーツをつけます。あらかじめつける位置を決めて印をつけておきましょう。

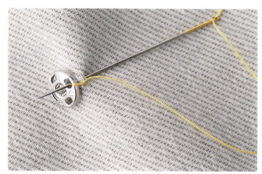

1 針に糸を通し、糸端を玉結び（p.27）する。つける位置に表から針を入れ、布と凹のスナップの穴に糸を通す。

2 糸をゆるめに引き、輪に針をくぐらせて、しっかりと引き締める。このとき糸はゆっくり引いて金属にこすれないようにする。

3 1、2をくり返す。1つの穴に3〜5回くらいを目安にして、4つの穴をすべてとめる。

4 とめ終わったら裏側に針を抜き、玉どめ（p.31）をする。凸も同じようにつける。

ホックのつけ方

ホックは、スカートやパンツのウエストあきなどに使う、かぎ状のとめ具です。
スカートなどは、ホックの位置をずらせば簡単にサイズ調整ができて便利です。

❖ ホックの種類

つける位置や、ウエストベルトの幅に合わせてサイズを選びます。

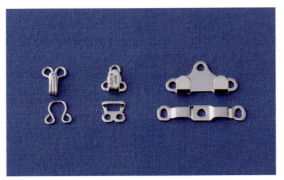

左：小さくて目立ちにくいタイプ。えりあきやファスナー上端に。
中：フックがシングルのタイプ。幅の狭いウエストベルトに。
右：フックがダブルのタイプ。幅の広いウエストベルトに。

❖ つけ方手順

上前になるほうに、向きに注意してフックのパーツをつけます。

フックのパーツを、上前の、でき上がり線からやや内側におき、p.65のスナップボタンと同様につける。もう一方のパーツは、下前にフックを受ける部分を布から出しておいてつける。

困ったウエストに便利なホック

ウエスト部分がきつくなった服につけかえると、楽にはけるようになる便利なホックが市販されています。ちょっときついなと思ったら服を処分する前にホックをつけかえてみましょう。

フック部分が延びるホック。

フックをかける溝が3段階あり、ウエスト幅に合わせて調節可能なホック。

面ファスナーのつけ方

「マジックテープ®」などの商品名でおなじみの、こまかいループとフックがからんでとめる2枚1組のテープ状のとめ具。とめはずしが簡単なので、子どもや年配の人でも楽に使えます。

❖ 面ファスナーの種類

かたくこまかいかぎ状になっているのがフック面、やわらかくループになっているほうがループ面です。

ぬいつけタイプ
周囲をミシンや手ぬいでぬいつけて使用する。袋もの、いすカバーなどの簡易接着に。

粘着タイプ
裏面が粘着シートになっているので、ぬいつける前に仮どめできる。

粘着丸型タイプ
裏面が粘着シートになっていて、アイロンでも接着可能。ボタン代わりに使える。

❖ つけ方手順

テープがかたい場合は指ぬきを使いましょう。

1 フック面を下になる側、ループ面を上になる側につける。つける位置にフック面をおき、まち針でとめる。針に糸を通し、1本どりで玉結び(p.27)する。針を裏から刺して布に通す。

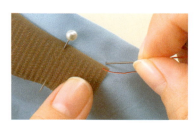

2 たてまつり(p.35)でつける。はずれないようこまかいぬい目で進める。

3 糸は、しっかりと引き抜く。たるんでいるとテープにくっついてしまうので注意する。

4 2、3をくり返し、4辺をぬいつける。ループ面を合わさる位置におき、同じようにぬいつける。

5 ぬいつけたら、裏で玉どめ(p.31)をする。

ゴム、ひもの通し方

伸びてしまったり、短くてきついゴムは、とりかえることで長もちします。
便利な道具もあるので、とりかえも簡単です。ひもを通すのも同様に行います。

❈ ゴムの種類

ゴムには、大きく分けて平ゴムと丸ゴムがあります。目的に合わせて選びますが、ゴム幅は通し口の幅より狭いものを。長さはあらかじめはかって、長めに用意しておきましょう。

平ゴム

くい込まないので肌着用によく使われる。幅は「コール数」で表示されることが多い。4コールは子ども用、6コールは女性用、10コールは男性用。右の写真は幅広の25mmタイプ。

丸ゴム

細いので、袋ものの口などに使われる。くい込むのでウエストには不向き。

❈ ひもの種類

ひもにも、さまざまな形状と素材、太さがあります。作りたいアイテムによって使い分けましょう。デザインのアクセントにもなります。通し方は、ゴムの場合と同じです。

平ひも

テープ状になったひも。洋服のウエストなどによく使われ、とも布で作られることも多い。真田ひものような美しい組みひもタイプもある。

ひも通し

ひもやゴムを通すための道具。ゴムやひもを穴に通すタイプと、はさんで使うタイプがあるが、ゴムやひもの太さや形状に関係なく使える、はさんで使うタイプがおすすめ。

ひも通しはさみ式
中央のリングをスライドさせてゴムをはさむ金属製のもの。

丸ひも

断面が丸いひも。袋ものの口や、エプロンのひもなどで広く使われる。

スピードひも通し
プラスチック製で長くてやわらかく、素早くひもやゴムが通せる。

スピードゴム通しクリップ式
やわらかい樹脂製。強力クリップで幅広のゴムもはさんで通せる。

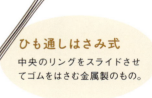

❖ 通し方手順

ウエストゴムの場合、長さはウエストサイズの1〜1.5割減が目安ですが、あとで調節できるよう長めに用意しましょう。ゴムをとりかえる場合は、古いゴムと同じ幅のゴムを用意します。

1 ゴムの長さをはかる。必ず伸ばさずにはかること。長さを決めたら、ぬいしろ分2cmを足して切る。

2 ひも通しのリングを引いて口の部分をゆるめてゴムをはさみ、リングを先端に戻し、ゴムを固定する。

ゴムをはさんだら、しっかり固定する。とめ方が弱いと途中でゴムがはずれる場合がある。

ゴムの最後の端にまち針を刺しておくと、通している途中で、端まで通し口に入ってしまう不安がない。

3 ゴムをはさんだ口部分を指でつまみ、反対側から、はさんだゴムがはずれないよう、ひも通し口へ入れる。

4 ゆっくりと布をたぐりながら通していく。布がたまったら、しごいて布をならす。通し終わったら、仮どめして試着し、よければ両端をぬうか結ぶかして始末する。

おさいほうプラスアルファ +α

ひもはヘアピンでも通せます

ひも通しがないときは、ヘアピンにゴムを通し、ひも通しと同じ要領で通します。太いゴムや細いゴム通し口には向きませんが、一般的なゴムなら通るでしょう。

すそのつくろい方（おくまつり）

スカートやパンツのすそがほつれたら、表にひびかない、おくまつり（p.33）でつくろいましょう。ほうっておくとほつれが広がってしまいます。気がついたらまめにつくろうのが、最も手がかからないコツです。

ここではほつれた部分のみのつくろい方を説明していますが、すべての糸を抜いてまつり直すと、じょうぶで長く使えます。

1 ほつれた糸端は玉どめ（p.31）しておく。針に糸を通し、糸端は玉結び（p.27）する。ぬいしろの端を折り返し、ぬいしろの裏をすくって糸を引き抜く。

2 表側を少なめにすくい、再び1のぬい目の少し先の織り糸をすくう。1、2をくり返す。

UP!
表側をすくうときは、ひびかないよう、なるべく少なくすくうこと。

3 ぬい終わったところ。フレアースカートなどは表から目立たないので、まつりぬい（p.32）でもOK。

+α 「裁ほう上手」で、ぬわずにすそ上げ

針や糸を使わずに、すそ上げができる接着剤があります。上げたいすその内側に広めにヘラで塗り、アイロンをかけるとしっかり接着。少々の洗濯でははがれません。

ボンド裁ほう上手／清原

すその上げ方

買ってきたパンツやスカートのすそが長すぎるときは、自分でカットして、すそを上げられます。覚えておくと便利です。

1 ステッチがある場合は、同じ色の糸を用意する。ここではジーンズのステッチ用ミシン糸を使っている。

2 すそ上げする長さ（○）を決めて折り返し、印をつける。さらにぬいしろとなる幅（★）にも印をつける。ここでは三つ折りにするので、ぬいしろは1.5～2cmとる。

3 ぬいしろの端（★）で裁断する。

4 裁断したところ。

5 わきのぬいしろの上にステッチが入っていたら、リッパー（p.55）で仕上がり線までステッチをほどく。

6 すそ部分がほつれないよう、端をぬっておく。

7 仕上がり線に合わせて三つ折り（p.22）にする。

8 まち針を打つ。

9 三つ折りの折り山の0.2cm下を、厚みのあるわき部分からゆっくりぬっていく。

わき、スリットのつくろい方

わきなどで、ぬい合わせた目が切れたり、ほどけてしまったときは、布をつき合わせて目立たないようすくいながらつくろいます。スリットが切れて広がった際も同様に直します。

1 針に糸を通して、1本どりで表側を見ながら、つくろいたい部分のぬいしろの裏から、折り山に針を出す。

2 糸を引き抜いたら、反対側の同じ位置で折り山を、約0.5cmすくい、少しゆとりをもたせて糸を引き抜く。

3 2と同様に、反対側の折り山をすくい、少しゆとりをもたせて糸を引き抜く。

4 2、3をくり返す。必ず左右に渡る糸が水平になるようにすくう。斜めになると、仕上がったときに、布がひきつれてしまう。

5 ぬい終わり位置まできたら、糸を引き締める。このとき、あまり強く引きすぎると、ぬい目がひきつれるので注意。

6 表側から裏側のぬいしろの内側へ針を通し、糸を引き抜き、ぬいしろの折り目の内側で玉どめ（p.31）をする。

7 表側から見たところ。ひきつれもなく、まっすぐに布が合わさり自然な仕上がりに。

LOOK 裏側から見たところ。ぬい目はぬいしろの内側にあるので、体に糸がふれて切れる心配がない。

そでぐりのつくろい方

よく動かすシャツのそでのつけねなどは、ほつれが小さいうちに早めに直しましょう。
布端がほつれていると、そでぐりもほつれやすくなるので、まず布端からつくろいます。

❄ 布端のほつれをかがる

裏側を見て、布端をかがった糸がほつれていたら先に始末を。
ひと手間かけると、このあとはほつれにくくなります。

1 ほつれて飛び出た糸は玉どめ（p.31）しておく。針に糸を通して、1本どりで玉結び（p.27）する。布を2枚重ねて、布に残っている針目に上から針を刺す。

2 ほつれていない場所と同じようにぬう。ここではブランケットステッチ（p.44）で布端をかがる。

3 かがったところ。元の針目に刺すことで、周囲と違和感なく仕上がる。裏で玉どめをする。

❄ ほつれをかがる

そでぐりのぬい方にもよりますが、ほとんどの場合、本返しぬい（p.29）でかがります。

1 針に糸を通し、1本どりで糸端を玉結びする。布をしっかり2枚合わせて、ぬい始めの1目分進んだ位置に、元の針目に合わせて下から針を出す。針は必ず元の針目に合わせて刺す。

2 1目分戻って、2目分先に針を出す。この工程をくり返し、本返しぬいでかがっていく。

3 かがったところ。裏で玉どめをする。前の針穴に刺すことできれいな仕上がりに。針を布に垂直に刺すと裏もきれいに仕上がる。

Look 本返しぬいだと、ひきつれずじょうぶに仕上がる。

4 裏から見たところ。

えりぐりのつくろい方

伸縮性のあるカットソーやニットのほつれでも、上手につくろう方法があります。
ここではTシャツのえりぐりのほつれをつくろいます。まつりぬいでなく、本返しぬいがコツです。

❖ 布端のほつれをかがる

えりぐりの裏側の布端がほつれていたら、まず布端からつくろいます。ブランケットステッチ（p.44）でかがります。

point!
ほつれた糸は糸端を結ぶと、それ以上ほつれない。結べる長さに足りない場合は、ほどいて結ぶ。

1 針に糸を通し、1本どりで端を玉結び（p.27）する。針を、えりぐりの裏側から出す。こうすることで玉結びが表に出ない。

2 ブランケットステッチで布端をかがっていく。

3 糸を強く引きすぎると、布端がゆがみ、糸が切れやすくなるので、ゆがまない程度の強さで引く。

4 針は、元の針目の上に刺すようにして、ほつれていないところと同じ幅のぬい目で刺していく。

5 かがったところ。裏側で玉どめ（p.31）をする。ブランケットステッチは、ぬい目がこまかいほどよい。

✤ ほつれをかがる

布端の始末ができたらえりぐりを身ごろとつなぎます。
ポイントは、ここでも元の針目に針を刺すことです。

1 えりぐりの布で身ごろの布をしっかりはさみ、元どおりの形にととのえて、まち針でとめる。

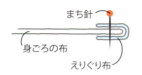

表と裏をしっかり重ね、まち針は布に垂直に打つ。えりぐりの表側と裏側がちゃんと重なっているかも確認。

2 針に糸を通し、1本どりで糸端を玉結びする。ぬい始めの1目分進んだ位置に、えりぐりの内側から出す。

3 糸を引き抜いたら、1目分戻って裏側へ刺す。このとき、必ず元の針目に針を通すこと。

えりぐりの表側と裏側、身ごろの3枚の布がしっかりぬい合わされるよう、必ず垂直に針を刺す。

4 2目分先の針目に裏側から針を出す。目を飛ばさないよう注意。

5 3、4の工程をくり返し、本返しぬい（p.29）でえりぐりをぬっていく。

6 元の針目どおりに2目ぬったところ。ぬい目がそろって、きれいに見える。

7 ほつれていないところまでぬったら、さらに2目ほど重ねてぬい、えりぐりの内側で玉どめをする。ミシンでぬったようにきれいに仕上がる。

表側から見たところと裏側から見たところ。軽く引っぱって切れないか確認する。

かぎ裂きのつくろい方

ギザギザに裂けたところを「かぎ裂き」と呼びます。ここでは、ボタンが引きちぎれた際にいっしょに裂けたケースでのつくろい方を紹介します。まず、布の破れをかがりましょう。

❉ **布をつくろう**

写真のかぎ裂きは三角に破れているので、糸を斜めに渡して糸で穴をふさぐようにぬっていきます。

point!
かぎ裂きの形はさまざまだが基本手順はここで紹介したものと同じ。

1 針に糸を通し、1本どりで糸端に玉結び(p.27)をする。布の裏側から刺し、裂けてできた穴の0.3〜0.5cm外側に出す。

2 裂け目に糸を渡すようにして表から裏へ針を刺す。裏から1で針を出した位置のすぐ横に針を出す。

3 できるだけすき間ができないよう密に、糸が重ならないように注意して刺す。

4 2、3をくり返して、裂け目をふさいでいく。

5 刺し終わったところ。裏側で糸を玉どめ(p.31)をする。穴の外側から糸を渡すことで、布の補強にもなる。

❖ ふさいだ穴の上にボタンをつける

裂け目のつくろいが終わったら、その上にボタンをつけます。つくろい方が多少雑でも、ボタンで隠せます。

1 針に糸を通して、1本どりで端を玉結び（p.27）をする。ボタンをつける位置に、針を裏側から入れて表側に出す。

2 1の糸を引き抜く。再び1の位置のすぐ横に針を入れて引き抜く。

3 そのままボタンの穴に下から針を通す。

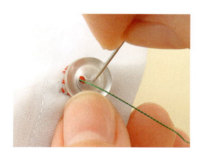

4 ボタンつけをする（p.63）。布の厚み分の0.2〜0.3cmほどボタンを浮かせ、4、5回ボタン穴に糸を通す。

point!

ボタンに足をつけるため、約0.2cm浮かせているところ。

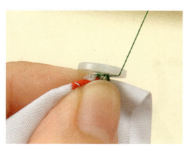

5 つけたところ。これから足を作る。

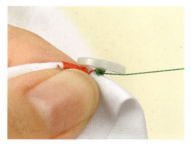

6 4、5で作った足に糸を3、4回ほど巻いて足を作り、針を裏側へ出して玉どめをする。

7 つけ終わったところ。

穴のふさぎ方

ズボンのひざなどに穴があいてしまったら、裏から「当て布」をしてつくろうことができます。
ダメージの大小にかかわらず、きちんと手順を踏めばきれいに仕上がり、ずっと着られます。

1 つくろう前に、糸のほつれなどをはさみで切って、穴の縁をきれいにしておく。

2 きれいにしたところ。

3 穴より大きな当て布を用意する。実際は服の色に合わせた布を使用する。

point!

つくろう間に布がずれることがあるので、チャコペンシルで布の中央に印をつけておくとよい。

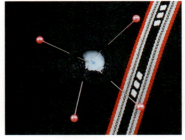

〈表〉

4 穴の裏側から布を当てる。このとき印が中央にくるようにし、布が穴の周囲を十分におおっているか、確認すること。

5 布の位置が決まったら、まち針を打って固定する。まち針は外側から中央に向かって四方から打つ。

5章 暮らしの中のおさいほう／穴のふさぎ方

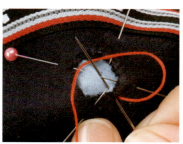

6 針に糸を通し、1本どりで端を玉結び（p.27）する。針を穴の縁のぎりぎり内側から出して抜く。0.2cm横に針を入れ、穴の縁のきわで布から垂直に針を出す。

7 輪にした糸の内側を通して、糸を引き抜く。

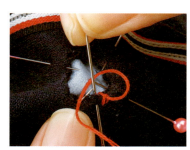

8 6と同様に刺し、輪にした糸の内側を通してブランケットステッチ（p.44）でかがっていく。

9 6〜8をくり返しながら、なるべくこまかいぬい目で穴の周囲をかがっていく。

10 穴の周囲をかがり終わったら、ぬい始めで作ったステッチのループに針を通し、糸を引き抜く。

11 10のループをまたぐように針を当て布に刺し、裏側へ糸を引き抜き、玉どめ（p.31）をする。

12 裏側で余分な布を裁つ。ここではピンキングばさみで裁っている。

13 かがったところ。ブランケットステッチはこまかく刺すときれいに仕上がる。

ゼッケンのつけ方

体操服やユニフォームにゼッケンをつける機会があります。
おさいほうが苦手なママには難しいことですが、ここでコツを覚えれば、簡単にできます。

❖ たてまつりでつける

つける布を選ばず、一般的なたてまつりでつける方法です。

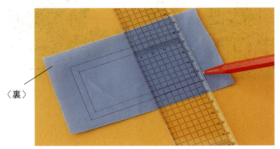

1 チャコペンシルで、作りたい大きさの四角を布に描き、周囲に1cmのぬいしろをとって裁つ。

2 表に油性のペンで名前を書き、裏返してぬいしろをアイロンで折る。

3 つけたい場所におき、まち針を打って固定する。

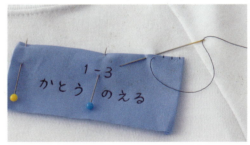

4 針に糸を通し、1本どりで糸端に玉結び(p.27)をする。針を布の裏側から出し、まわりをたてまつり(p.35)する。こまかくぬうと、きれいに仕上がる。

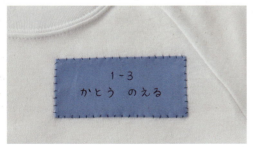

5 つけ終わり。針を裏側へ出し、玉どめ(p.31)をして糸を切る。Tシャツなど伸縮性のある布は、ゆるめにまつるとよい。

❖ チェーンステッチでつける

手ぬい糸でゆるめにチェーンステッチをかける方法。伸縮性が生まれるので、
脱ぎ着の際や、激しい運動をしても糸が切れにくくなります。アイロン接着できるストレッチ布で説明します。

1 ゼッケン用布を必要な大きさに裁って名前を書き、当て布をして中温のアイロンで接着する。

2 針に糸を通し、1本どりで糸端は玉結び（p.27）する。ゼッケンの縁をチェーンステッチ（p.42）でぬう。ステッチはこまかくし、糸をきつく引かない。

3 1辺の端までぬい進めたら、最後はチェーン先端の外側に針を刺し、裏側に糸を引き抜く。

4 3で刺した先端のチェーンの内側に、裏側から針を出す。

5 そのまま次の1辺をチェーンステッチでぬい進めていく。

6 最後のチェーンを作る針先を、最初のチェーンの内側に出す。

7 糸を引き抜く。

8 3と同様に、最後に作ったチェーンの先端の外側に針を刺し、糸を引き抜き、裏側で玉どめ（p.31）をして糸を切る。

9 つけ終わったところ。

point!

チェーンステッチに伸縮性があるので、布が引っぱられても糸が切れにくい。

ネームタグのつけ方

子どものもちものに名前をつけるときやオリジナルアイテム作りに役立ちます。
ここで、アイロンで上手に接着する方法と、ぬいつけ方を解説します。

❀ アイロンでつける

初心者向きの、アイロン接着のみのタイプ。簡単につけられて、通常の運動や洗濯程度では、はがれません。アイロンの温度は、つけるものの素材に合わせて設定してください。

1 つけたい位置にネームタグをおき、ここでは綿なので中温のスチームアイロンを真上から当て、動かさずに接着させる。特に四隅はしっかり押さえる。

2 つけたところ。布がよれず、四隅も浮いていない。もっとじょうぶにつけたい場合は、この上からたてまつり（p.35）をするとよい。

❀ アイロンとたてまつりでつける

体操着など洗濯回数が多そうなものに
名前をつけるときには、たてまつりでつけると、じょうぶです。
パンツなどの伸縮する位置につける際は、
糸が切れないよう、伸びない辺だけぬいます。

1 アイロン接着タイプのネームタグに、まず油性のペンで名前を書き、中温のスチームアイロンで押さえて接着する。

2 針に糸を通し、1本どりで糸端に玉結び（p.27）する。縦の1辺をたてまつり（p.35）でつける。

3 2と同様に、反対側の縦の1辺をたてまつりでつける。

すぐできてすぐ役立つ　**暮らしの手作り1**

刺しゅうの名前入りハンドタオル

幼稚園や学校で使うタオルに刺しゅうで名前を入れてみましょう。
簡単なチェーンステッチで刺します。

【 用意するもの 】

● ハンドタオル：好みのもの1枚

● 25番刺しゅう糸：好みの色

1 名前を入れたい位置にチャコペンシルで名前を書く。

2 3本どり（p.39）にした刺しゅう糸の糸端を玉結び（p.27）にして裏側から針を刺し、文字の上を、チェーンステッチ（p.42）する。

3 刺しているところ。ステッチは、文字の書き順のとおりに刺すと、きれいに仕上がる。

すぐできてすぐ役立つ 暮らしの手作り2
フェイスタオルのぞうきん

ふだんにも、学校にもたせるにも役立つ、きれいで使いやすいぞうきんのぬい方を紹介します。ぬう前のひと手間と、たたみ方にコツが。かわいらしいステッチを入れると子どもに喜ばれます。

【 用意するもの 】

- 薄手のフェイスタオル：1枚
- テープ：好みのものを10cm
- ミシン糸：好みの色

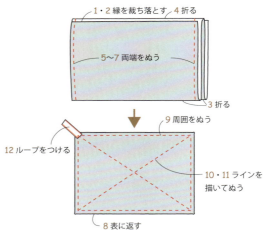

1 タオルの縁の厚い部分をすべて裁つ。

2 裁ち落としたところ。このひと手間でぬいやすく使いやすくなる。

3 タオルの布端（▲）が中央でそろうよう折る。

4 中央が山になるよう折る。布端（▲）はこの時点では外側になっている。

5章 暮らしの中のおさいほう／フェイスタオルのぞうきん

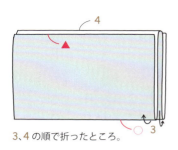

3、4の順で折ったところ。

5 四隅と各辺の中央にまち針を打つ。

6 短いほうの2辺の端の1cm内側をぬう。

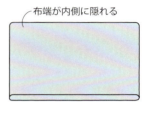

表側に返したところ。

7 ぬったところ。袋状になる。

8 中央（○）に手を入れて、表に返す。

布端が内側に隠れる

9 目打ちを使って角をきれいに出し、形をととのえ、周囲をぐるりとぬう。

10 これからぬいたい線をチャコペンシルで描く。中央が浮かないよう押さえられればいいので、線はどんな形でもOK。

11 描いた線の上をぬう。

12 リボンを二つ折りにし、隅にぬいつける。

ミシンステッチならいろんな模様を入れるのも簡単。

85

すぐできてすぐ役立つ　暮らしの手作り3

手ぬぐいのあずま袋

クローゼットで眠っている手ぬぐいがあれば、1枚でできるあずま袋です。手ぬぐいの素材はじょうぶで速乾性の高いさらし木綿。エコバッグとしてもち歩いたり、お弁当袋や着替え袋など幅広く使えます。

p.87-1で長さが幅の3倍になるようにととのえて裁つと、上の写真のように正方形の美しい形になる。

【 用意するもの 】
- 手ぬぐい：1枚
  約33×90cmのものが多い。
  形をととのえたいときは、幅×長さを
  a＋2cm（ぬいしろ分）×3a＋2cm
  になるように裁つ。（例：31×89cm）
- 糸：好みの色

1 左右でぬいしろ1cmとって中表に3等分に折り、
◎と◎、★と★を合わせて端をそれぞれぬう。
※両表の手ぬぐいはどちらを表側にしてもよい。

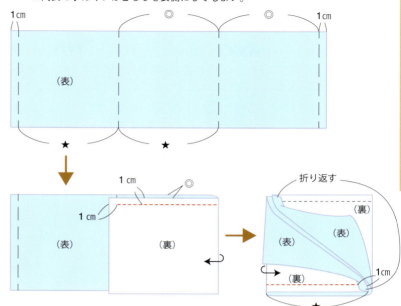

2 端の処理をする。すべてのぬいしろをそれぞれ三つ折り(p.58)し、並ぬいする。
※両端が布耳ならこの手順ははぶいてもよい。

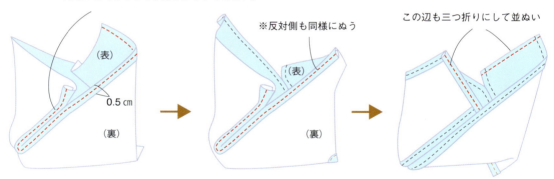

3 表側に返してでき上がり。

すぐできてすぐ役立つ　暮らしの手作り 4

キッチンクロスのキッズエプロンと三角きん

調理実習などで活躍するエプロンは、大判のキッチンクロスをたたんでひもを通しただけでとても簡単。三角きんはゴム仕立てで、キッズでも簡単に着脱できます。正方形クロスはバンダナで代用できます。

【 用意するもの 】

- キッチンクロス：長方形（47×65cm）1枚
- キッチンクロス：正方形（45×45cm）1枚
- 直径約1cmのひも（紺）：2m
- 幅2.5cmのゴム：12cm×1本
- ミシン糸：白

キッズエプロン（三角きんはp.90に）

1 図のように上両角を折る。

2 折った端をぬう。

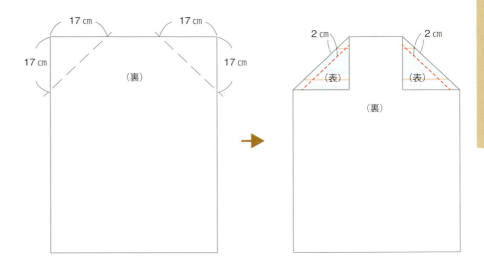

3 輪になった部分にひもを通してでき上がり。

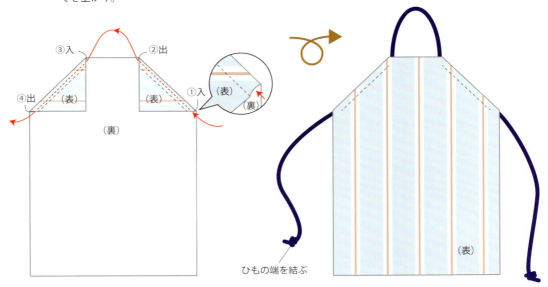

三角きん

1 中表に合わせて2つ折りにし、角から5cmのところを図のようにぬう。

2 ぬったところをアイロンで割る。

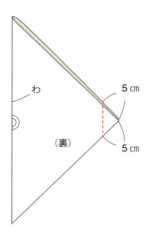

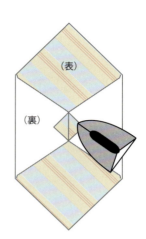

3 表側に返して下端を内側にくぐらせる。

4 1でぬい合わせた側のみ図の位置をぬう。下になった側をぬわないよう注意する。

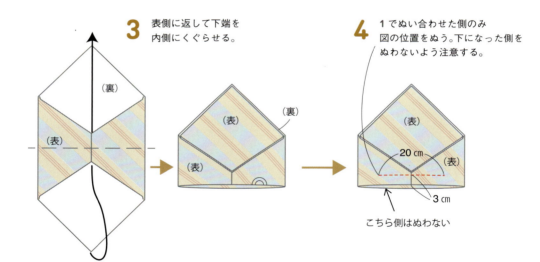

5 幅2.5cm×長さ12cmのゴムを中に通し、一方を4のステッチの端の位置でぬいとめる。

6 ゴムを引っぱりながらもう一方も同様にぬいとめる。

簡単小ものレシピ

おさいほうの基礎を応用して、
バッグなどの小ものを作ってみましょう。
写真で詳しく解説しているので、初めての人でも簡単。
作りながらいろいろなテクニックも身につきます。

※すべてわかりやすいよう目立つ糸を使っていますが、実際は布と同色の糸でぬいます。

作り方徹底解説！

ここで通園・通学の必需品である袋もの4点の作り方を、写真で詳しく解説します。ふだんにも活用できるアイテムばかりなので、好みの布を選んで個性を生かしたオリジナルを作ってみましょう。

基本のレッスンバッグ

楽譜や大判の雑誌などB4サイズが入るぺたんこバッグ。内袋つきなのでじょうぶで、布端の始末も不要。直線ぬいだけでできるため、初めてバッグを作る人におすすめです。

基本のレッスンバッグ

でき上がりサイズ：横40×縦31cm

【 用意するもの 】
- 布
  綿麻プリント　90×35cm
  綿ツイル無地（グリーン）110×35cm
- その他
  ミシン糸（グリーン）

【 裁ち方図 】
（ ）内はぬいしろ

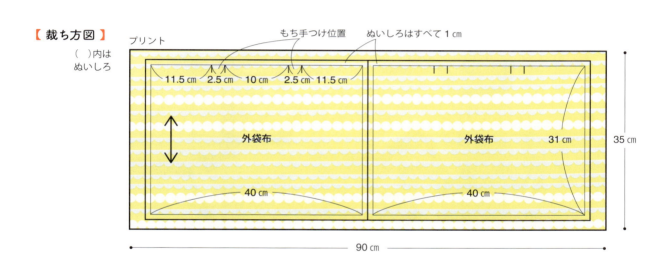

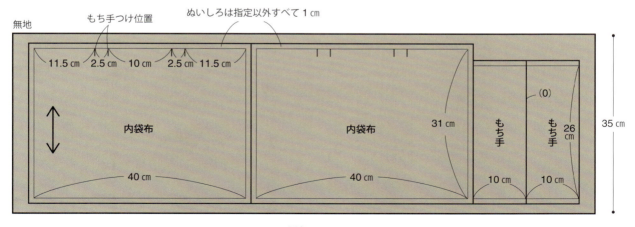

作り方は次ページ

【 作り方 】

1 もち手を外表にして中央に合わせて両端から折り、アイロンをかける。さらに中央で折ってアイロンをかける。もう1本も同様に作る。

2 上下の端から0.2cm内側をぬう。ぬい始めとぬい終わりは返しぬいする。

3 外袋布の表側にもち手をねじれないようにしてのせ、まち針でとめる。

4 もち手の端のぬいしろ部分（上端から0.5cm）をぬう。こうすることで、ぬい合わせたときにずれなくなる。もう1枚も同様にぬう。

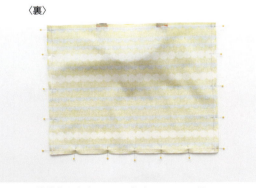

5 外袋布を中表にして2枚合わせ、まち針でとめる。

6 両わきと底を続けてぬう。入れ口部分は返しぬいする。

7 内袋布を中表にして2枚合わせ、まち針でとめる。

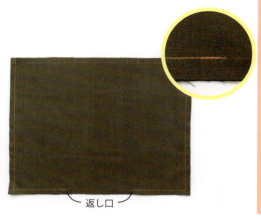

8 底に返し口を15cm残して両わきと底をぬう。入れ口部分と返し口は返しぬいする。

9 外袋、内袋のぬいしろを割ってアイロンをかけ、外袋は表側に返す。

10 内袋に外袋を入れて中表に合わせる。

11 わき線、印を合わせて入れ口をまち針でとめる。

12 入れ口をぐるりとぬう。ぬい始めとぬい終わり、もち手部分は返しぬいする。

13 返し口から手を入れて角をつかむ。

14 少しずつ引き出す。

15 表側に返したところ。

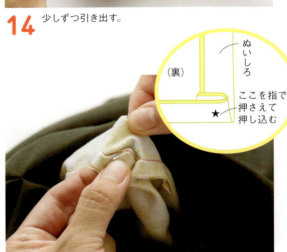

16 角をととのえる。返し口からもう一度角を引き出し、ぬいしろを重ねて折りたたむ。

17 折りたたんだ部分をつかんだまま親指で押し込み、表側に返す。ほかの角も同様にする。

18 表側からぬい目部分に目打ちを入れ、角をきれいに引き出す。

19 角をととのえて表に返したところ。

20 返し口のぬいしろを折ってアイロンをかけ、0.2cmのところを表側からぬう。両端は返しぬいする。

21 内袋を外袋の中に入れ、入れ口のぬい目部分を親指でしっかりしごく。こうすることでアイロンがかけやすくなる。

22 入れ口は内袋が表から見えないように0.1cm内側に折り、アイロンをかける。

23 入れ口をわきからぐるりとぬう。ぬい始めとぬい終わりは返しぬいをする。

でき上がり！

24 全体にアイロンをかける。

基本のトートバッグ

まちと外ポケットをつけて収納力抜群、デイリーで活躍するトートバッグです。プリントと無地を組み合わせ、目立つ色のステッチをアクセントに。無地で仕立てると印象が変わります。

基本のトートバッグ

でき上がりサイズ　横32×縦27×まち10cm

【 用意するもの 】

- 布
   綿プリント　110×40cm
   綿無地（ピンク）70×95cm
- その他
   ミシン糸（赤）

【 裁ち方図 】

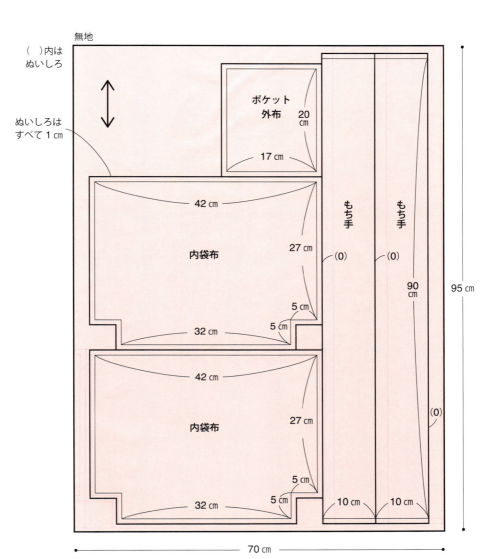

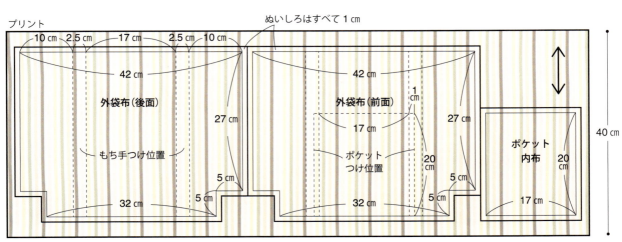

【 作り方 】

1 もち手を四つ折りにして、2本ぬう(p.94-1、2)。

2 ポケットの外布と内布を中表に合わせ、入れ口側をまち針でとめる。

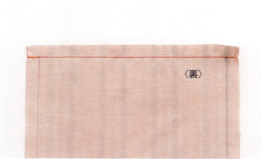

3 入れ口をぬう。ぬい始めとぬい終わりは返しぬいをする。

4 ぬいしろを割ってアイロンをかける。

5 表側に返してぬい目から折り、アイロンをかける。

6 入れ口を表側からぬう。ぬい始めとぬい終わりは返しぬいする。

7 外袋布2枚の表側に、もち手つけ位置の印をつける。

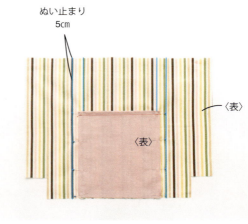

8 外袋布の上から5cmのところにぬい止まりの印をつける。もう1枚にも同様につける。ポケットつけ位置に重ねてポケットをのせ、まち針でとめる。

9 ポケットのわきと底部分をぬいしろ部分（端から0.5cm）のところでコの字にぬう。

10 印に合わせてもち手をねじれないようにしてのせ、まち針でとめる。

11 もち手の両端から0.2cm内側を、**8**でつけたぬい止まりまでコの字にぬう。ぬい始めとぬい終わり、ポケット口は返しぬいをする。

12 もう1枚（後ろ側）はポケットをつけず、**10**、**11**と同様にもち手をぬう。

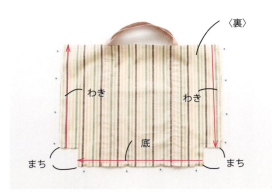

13 外袋布を中表にして2枚合わせ、まち針でとめる。両わきと底をぬう。まちはぬわない。

14 わきと底のぬいしろを割ってアイロンをかける。

15 わきと底のぬい目を合わせ、まちをつまんでまち針でとめる。

16 まちをぬう。ぬい始めとぬい終わりは返しぬいする。もう一方のまちも同様にぬう。

17 内袋布を中表にして2枚合わせ、まち針でとめる。

18 底に返し口(p.95)を15cm残して両わきと底をぬう。外袋と同様にまちをぬう。

19 外袋を表側に返し、内袋に入れて中表に合わせ、入れ口をまち針でとめる。

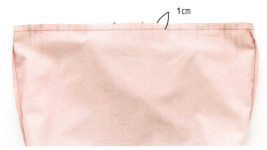

20 入れ口をぐるりとぬう。ぬい始めとぬい終わり、もち手部分は返しぬいする。

21 袋を表側に返し、返し口をぬう（p.96・97）。

22 内袋を袋の中に入れ、アイロンをかけてからもち手をよけて入れ口をぐるりとぬう（p.97 **21-23**）。

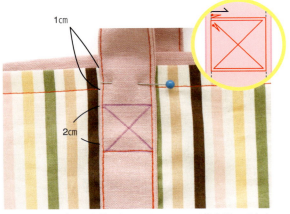

23 もち手をまち針でとめ、チャコペンで線を描いて右上の図のようにぬう。4カ所とも同様にぬう。

24 ぬい終わったところ。全体にアイロンをかける。

6章 簡単小ものレシピ／基本のトートバッグ

基本のがま口

A

がま口は作りたいけど難しそう、という人でも失敗なく作れるよう、ぬい方や口金のつけ方をていねいに解説しました。東欧風の花の刺しゅうと四角い口金がレトロなデザインです。

Bは丸みのある口金を使い、イラスト風の刺しゅうをあしらいました。CとDは水玉プリントでより簡単にアレンジ。すべてまちをつけてふっくらとしたフォルムに仕立てます。3点とも手のひらよりちょっと大きめサイズ。

がま口のバリエーション

Ⓐ 基本のがま口

でき上がりサイズ　p.110・111型紙参照

【 用意するもの 】
- 布
  綿麻（ベージュ）、綿無地（赤）、接着芯、キルト芯　各30×30cm
- その他
  25番刺しゅう糸（赤、深緑、黄色）、ミシン糸（赤、ベージュ）、
  口金（角形）内径15×6cm、
  口金に紙ひもがついていない場合は紙ひも（10号）25cmを用意
  マイナスドライバー
  手芸用接着剤

※同じ口金が手に入らない場合は、型紙の描き方（p.24）を参考にしてください。

ⒷⒸⒹ がま口のバリエーション

でき上がりサイズ　p.110・111型紙参照

【 用意するもの 】　※マイナスドライバー、手芸用接着剤、口金に紙ひもがついていない場合は紙ひも（10号）25cmを用意。

- 布
  麻無地（緑）、綿無地（生成り）、
  接着芯、キルト芯　各25×45cm
- その他
  25番刺しゅう糸（ベージュ系グラデーション）、ミシン糸（緑）、
  口金（丸形）内径約9×4.5cm

- 布
  綿麻プリント（赤×茶色）、綿無地（茶色）、接着芯、
  キルト芯　各25×35cm
- その他
  ミシン糸（茶色）、
  口金（丸形）内径約11×4.5cm

- 布
  綿麻プリント（紺×黄）、綿無地（茶色）、接着芯、
  キルト芯　各20×40cm
- その他
  ミシン糸（茶色）、
  口金（角形）内径約15.5×3cm

【 作り方 】

基本の作り方を参照するが、3のあと外袋、内袋にBとCは4cm、Dは5cmのまちをぬう（p.121）。

【 裁ち方図 】

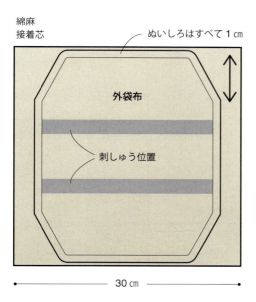
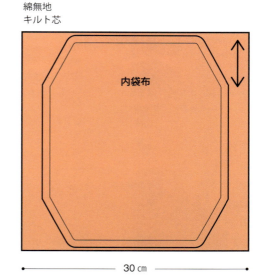

【 作り方 】

1 外袋布の裏に接着芯を貼り、3本どりで刺しゅう（p.41、110）をする。

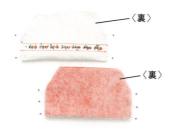

2 外袋布を中表に折り、わきをまち針でとめる。内袋布は裏にキルト芯を重ね、同様にする。

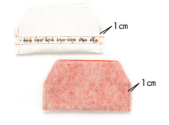

3 それぞれわきをぬう。ぬい始めとぬい終わりは返しぬいする。

4 外袋、内袋のぬいしろを割ってアイロンをかける。

5 B、C、Dはここでまちを作る（p.121）。外袋は表側に返す。

6 内袋に外袋を入れて中表に合わせる。

次ページに続く

7 中央、あき止まりの印を合わせて入れ口をまち針でとめる。

8 入れ口に返し口を6cm残してぐるりとぬう。返し口は返しぬいをする。

9 入れ口のあき止まりからカーブのついているところのぬいしろの7、8カ所に、0.6cmほどの切り込みを入れる。

10 返し口から外袋の角をもって少しずつ引き出し、表側に返す。

11 表側に返したところ。目打ちで角をきれいに出す。

12 内袋を外袋の中に入れる。

13 入れ口のぬい目部分を親指でしっかりしごく。こうすることでアイロンがかけやすくなる。

14 返し口のぬいしろを折ってアイロンをかける。

15 返し口をぬう。中央に印をつける。袋の完成。

16 ギャザーが入るので、口金より袋布の入れ口の幅が少し広い。

17 片側の口金の内側に手芸用接着剤をつける。細幅の紙に薄くつけて溝の奥に入れるときれいに仕上がる。

18 口金を逆向きにつけないよう気をつけ、端を合わせる。ここからは接着剤が乾かないよう手早く作業する。

19 表側からドライバーで袋を少しずつ押し込む。

20 袋と口金の角を合わせて、わき部分にできるだけしわが寄らないように押し込む。もう一方のわきも同様にする。

21 袋の中央を口金中央に合わせて押し込む。押し込んだ角まで均等にギャザーが寄るように押し込む。

22 もう一方の角同様に押し込む。

23 片側の外袋に口金がついたところ。

24 口金を開き、内袋側の口金の端0.5cmに紙ひもを合わせ、紙ひもといっしょに内袋を押し込む。
＊力がいるので手がすべらないよう気をつけてひもを押し込む。

25 角ではだぶついた内袋もしっかり押し込む。

26 紙ひもが長ければ口金の端から0.5cm手前で切る。接着剤が乾いても口金がゆるい場合は、当て布をしてペンチで締める。

でき上がり！

27 反対側も17〜26と同様にする。

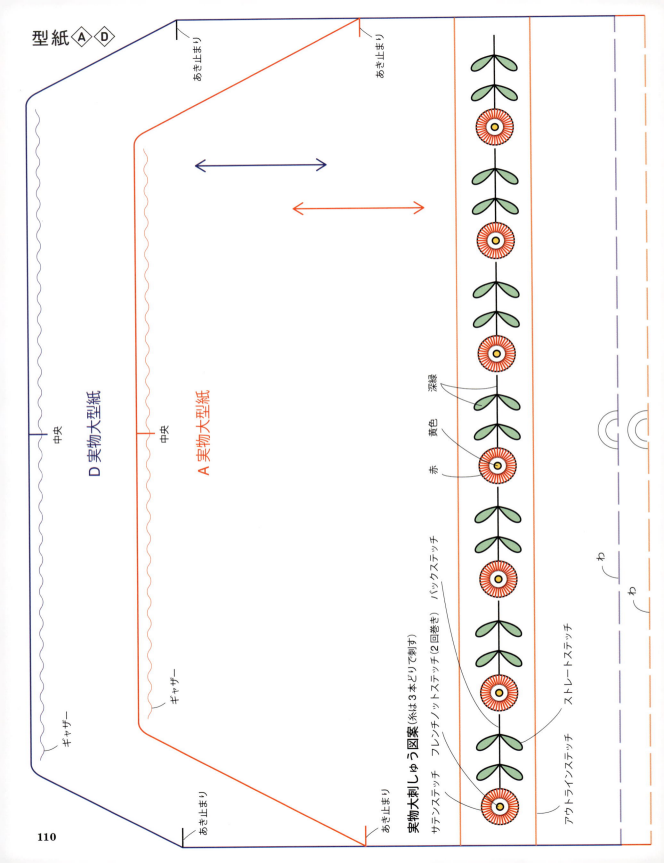

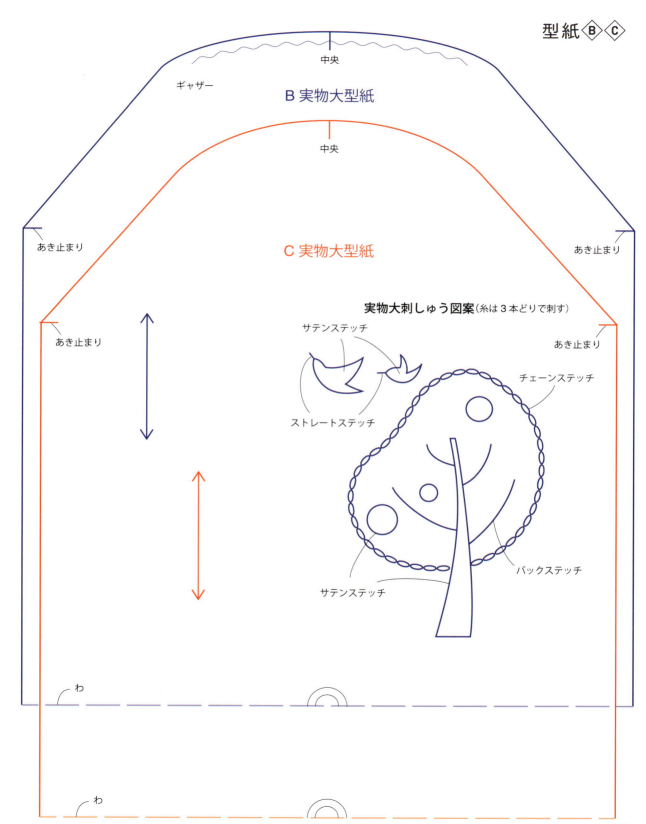

基本のサコッシュ

ポシェットよりも大型でたっぷり入る、シンプルな仕立ての斜めがけバッグ。ファスナーを前面につけたので、ぬいやすく、使いやすい形です。肩ひもは好みの長さになるよう結びましょう。

基本のサコッシュ

でき上がりサイズ　横31×縦26.5cm

【 用意するもの 】

*バリエーションはp.116参照

● 布
　麻プリント　35×60cm
　綿麻無地（グレー）20×125cm
● その他
　ミシン糸（グレー）、ファスナー（30cm）1本、割りばし

6章 簡単小ものレシピ／基本のサコッシュ

【 裁ち方図 】

プリント地　基本・バリエーション共通

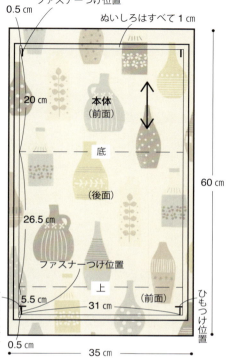

ファスナーつけ位置
0.5 cm
ぬいしろはすべて1cm
20 cm
本体（前面）
底
（後面）
26.5 cm
ファスナーつけ位置
5.5 cm　上（前面）
31 cm
ひもつけ位置
0.5 cm
35 cm
60 cm

※底で折り返したときに前面の柄が上向きになるようにする。

基本　肩ひも
無地
ぬいしろはすべて1cm

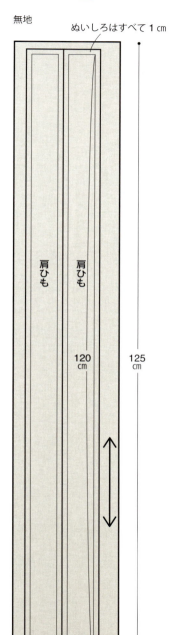

肩ひも
120 cm
5 cm　5 cm
20 cm
125 cm

バリエーション　肩ひも
無地またはストライプ
ぬいしろはすべて1cm

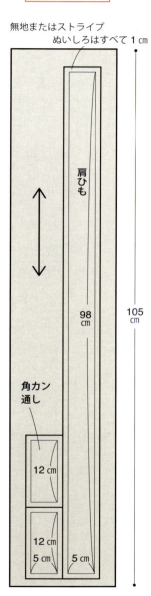

肩ひも
98 cm
角カン通し
12 cm
12 cm
5 cm　5 cm
20 cm
105 cm

【 作り方 】

ぬわない　〈裏〉

1　肩ひもを中表にして二つ折りにし、片方の端を残してLの字にぬう。

2　表に返すLの字にぬったひもは、割りばしなどの長い棒を、ぬったほうの端から押し込み、少しずつ表に返す。もう1本も同様に作る。

次ページに続く

3 ぬい目部分を親指でしごき（p.97-21）、目打ちで角を引き出して形をととのえる。

4 アイロンをかける。

5 本体の上下にジグザグミシンをかける。

6 上端のファスナーつけ位置にファスナーを合わせて中表に重ね、まち針でとめる。

7 ファスナーつけ位置をぬう（p.56）。

8 表に折り返し、折り山から0.5cm内側をぬう。

9 本体を中表に折って、後ろ側も6と同様にまち針でとめる。

10 7と同様にファスナーを上にしてぬう。

11 表側に返し、8と同様にぬう。ファスナーが写真の位置になるようにたたむ。

12 裏側に返し、ひもを内側に入れる。ひもつけ位置に肩ひもの端をぬい目を下にしてはさみ、まち針でとめる(写真右側)。反対側も同様にする。ファスナーは半分あけておく。

13 両わきをぬう。ぬい始めとぬい終わり、肩ひもとファスナー部分は返しぬいする。内側に入れたひもをぬわないよう注意。ジグザグミシンをかける。

14 ファスナー口から表側に返す。角を目打ちでととのえてアイロンをかける。

でき上がり！

6章 簡単小ものレシピ／基本のサコッシュ

サコッシュのバリエーション

でき上がりサイズ 横31×縦26.5cm

バッグの作り方は基本のサコッシュと同じです。子どもに合わせて肩ひもの長さを調節できるよう、スライドバックルを使いました。もちろん大人用でも便利なパーツです。

【 用意するもの 】

● 布
 共通　綿プリント　35×60cm
 Ⓐ　綿無地(紺)　20×105cm
 Ⓑ　綿ストライプ　20×105cm

● その他
 ミシン糸(布に合った色)、ファスナー(30cm)各1本、角カン(2.5cm)各2個、スライドバックル(2.5cm)各1個、ループ返し

【 裁ち方図 】

* p.113 参照

【 作り方 】

1 角カン通しを中表に二つ折りにしてぬい、ループ返しで表に返す。もう1枚も同様に作る。

2 1と同様に肩ひもを作り、アイロンをかける。バッグにつける際、ぬい目のあるほうが下にくるようにする。

3 角カン通しに角カンを通して二つ折りにする。

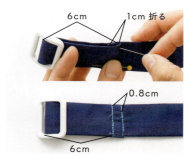

4 肩ひものぬいしろ1cmを内側に折る。スライドバックルに通し、6cmのところで折り、まち針でとめる。ぬいしろ部分を2本ぬう。

5 本体をぬう（p.114、115-**5**〜**11**）。裏側に返し、左右のひもつけ位置に角カン通しをはさみ、まち針でとめる（p.115の**12**）。

6 ファスナーは半分あけておく。両わきをぬい、ジグザグミシンをかける。ぬい始めとぬい終わり、角カン通しとファスナー部分は返しぬいをする。

7 ファスナー口から表側に返す。肩ひものスライドバックルのないほうをもって角カンに通し、スライドバックルにも通す。

8 そのままもう一方の角カンに通し、ぬいしろ1cmを内側に折る。6cmのところで折ってまち針でとめ、**4**と同様にぬいしろ部分をぬう。

9 形をととのえてアイロンをかける。

〈チェック〉

〈水玉〉

片面がビニールコーティングされた布は撥水性があって汚れにくく、ランチバッグにぴったりです。家庭用ミシンでぬえて、布端の始末が不要というメリットも。お弁当箱に合わせたサイズで作りましょう。

基本のランチバッグ

でき上がりサイズ ｜ 下図参照

【 サイズのはかり方 】

入れたいお弁当箱のサイズを、下図を参照してはかる。いっしょに入れるはし箱もはかっておく。はかったサイズに合わせて寸法図を作る。それぞれ2、3cm余裕をもたせたサイズで作るとよい。

【 寸法図 】

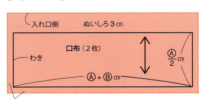
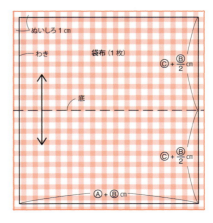
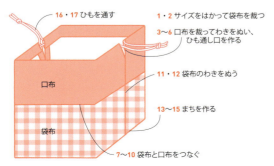

6章 簡単小ものレシピ／基本のランチバッグ

【 用意するもの 】

- 袋布：ビニールクロス（赤）
  〈チェック〉ギンガムチェック、〈水玉〉無地
  約50cm角
- 口布：綿（赤）〈チェック〉綿（赤無地）、
  〈水玉〉綿（赤水玉）　約50cm角
- ひも：直径0.3cmの赤約70cmを2本
- ミシン糸：赤

【 作り方 】

1 寸法図どおりに、袋布と口布それぞれにチャコペンシルで線を描き、印をつける。

2 袋布を外側のぬいしろ線で裁つ。

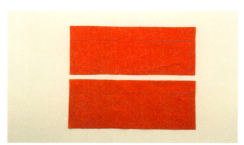

3 口布も同じように2枚裁つ。

4 両わきのぬいしろをアイロンで三つ折り（p.22）にする。

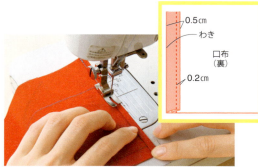

5 4で折った布端から0.2cm内側をぬう。反対側のわきも同様にぬう。

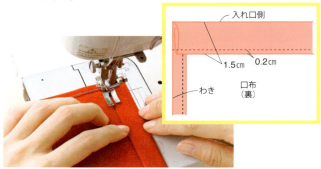

6 入れ口側のぬいしろをアイロンで三つ折りにし、右上の図の位置でぬう。もう1枚も同じようにぬう。

次ページに続く　119

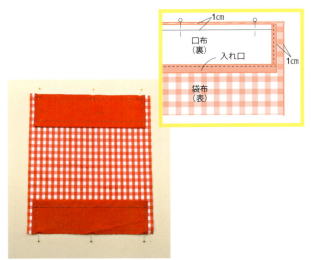

7 右上の図を参照して、袋布に口布を中表に重ね、まち針でとめる。

8 重ねた布端から1cm内側をぬう。

9 左の図を参照して、口布を倒し、8のぬい目から0.5cm口布側をぬう。

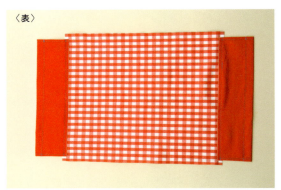

10 もう一方も7〜9と同様にぬう。

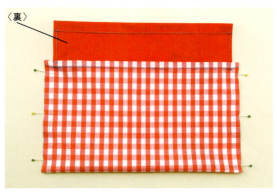

11 10を中表に二つ折りにし、両わきをまち針でとめる。

12 袋布の両わきをぬう。

13 ぬいしろを割り、右上の図を参照して、弁当箱の厚みに合わせて底にまちを作る。まちの線を定規とチャコペンシルで描く。

14 まちをぬう。もう一方も同様にぬう。

15 ぬいしろ1cm分を残して、まちの先端を裁つ。もう一方も同様に裁つ。ビニールクロスなので、布端の始末は不要。

16 表側に返して、ひもを写真のような形で、1本ずつひも通し口から通す（p.69）。

17 ひもの端をそれぞれ結ぶ。

18 両方のひもを同時に引くと口がしまる。

毎日使うふきんだからこそ、手ぬいで作ってみませんか。並ぬい（p.28）ができれば、簡単です。好みの模様で作れますし、まっすぐぬうだけのシンプルな格子柄は糸の色を変えるだけで変化がつけられます。

刺し子風ふきん

刺し子風ふきん

でき上がりサイズ　30cm角

【 用意するもの 】
- 布：ワッフルの白　約35cm角
- 手ぬい糸：白　青・緑（格子柄）、赤（花柄）

【 図案 】

1 布に仕上がりとぬいしろの線を描く
2 布を裁つ
3 アイロンでぬいしろを折る

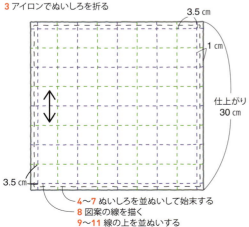

3.5cm
1cm
仕上がり 30cm
3.5cm

4〜7 ぬいしろを並ぬいして始末する
8 図案の線を描く
9〜11 線の上を並ぬいする

1〜7 は p.123 のふきんと同様
9〜11 も同様

8-③中央の図案を写す
8-①四隅の図案を写す（p.124）
8-②中央にガイドラインを引き四隅以外の端側の図案を写す

【 作り方 】

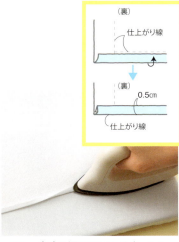

1 チャコペンシルで30cm角の仕上がり線を引き、同様に、仕上がり線の1cm外側にぬいしろ線を描く。

2 ぬいしろ線で布を裁つ。

3 左右2辺のぬいしろを、0.5cm幅になるよう、アイロンで三つ折り（p.22）にする。

4 針に白の糸を通し、1本どりにして糸端を玉結び（p.27）する。ぬいしろの内側に玉結びが隠れるよう針を出す。三つ折りした辺を並ぬい（p.28）する。

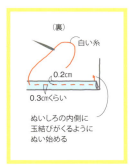

5 残った2辺も、3、4と同様にぬいしろを三つ折りにして、並ぬいする。

6 ぬい終わったら、ぬいしろの織り糸を針ですくい、糸を引き抜いて玉どめ（p.31）をする。

7 玉どめが、ぬいしろの内側に隠れるように針を刺し、表側に針を引き抜いて糸を切る。

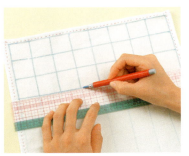

8 図案の線を、方眼定規を使ってチャコペンシルで描く。

次ページに続く

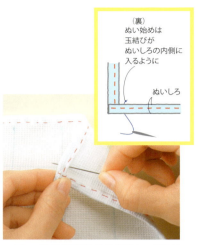

(裏) ぬい始めは玉結びがぬいしろの内側に入るように
ぬいしろ

でき上がり！

9 針に指定色の糸を通し、1本どりで玉結びをぬいしろの内側に隠すように刺す。

10 線の上を0.3cm幅の並ぬいでぬう。

11 途中で糸がつれたり、たるまないよう何度か布と糸をしごきながら最後までぬう。

花ふきんの型紙の写し方

【 作り方 】

8-① 実物大図案を別紙に写して切り、ふきんの隅におき、型紙がずれないようにして、チャコペンシルで線を描いていく。四隅とも同様に写す。

8-② 中央に十字のガイドラインを引き、ガイドラインに四隅以外の端側の図案を写す。型紙の角を当てて、写していく。

8-③ 中央の図案は、型紙の角を中央に当て、四方それぞれを写す。

【 実物大図案 】

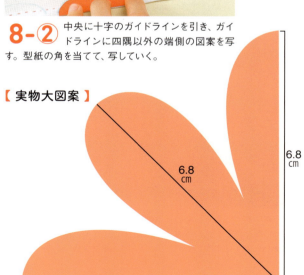

6.8 cm

6.8 cm

おさいほうの言葉　五十音順索引

[あ行]

アイロン ……………… 15、21、22、82
アウトラインステッチ ………………… 41
麻 ………………………………………… 11
足つきボタン ……………………… 62、64
あずま袋 ………………………………… 86
厚地 ……………………………………… 12
後染め …………………………………… 10
穴のふさぎ方 …………………………… 78
綾織り …………………………………… 10
糸切りばさみ …………………………… 9
糸立て …………………………………… 50
糸調子 …………………………………… 51
糸通し …………………………………… 26
ウール …………………………………… 12
薄地 ……………………………………… 12
裏布用化繊 ……………………………… 12
上糸調節ダイヤル ……………………… 50
運針 ……………………………………… 28
エプロン ………………………………… 88
えぐりのつくろい方 …………………… 74
オーガンジー …………………………… 12
オープンファスナー …………………… 56
おくまつり ……………………………… 33
送り幅 …………………………………… 51
押さえ金 …………………………… 50、56
押さえレバー …………………………… 50
オックスフォード（オックス）……… 11
織り ……………………………………… 10

[か行]

返しぬいスイッチ ……………………… 50
かぎ裂きのつくろい方 ………………… 76
かせ ……………………………………… 36
型紙 …………………………………… 16、17
片どめファスナー ……………………… 56
がま口 …………………………… 24、104、105
柄合わせ ………………………………… 20
キャンバス ……………………………… 12
キルティング …………………………… 12
ぐしぬい ………………………………… 28
くるみボタン用ボタン ………………… 62
ゴム ……………………………………… 68
コンシールファスナー ………………… 56

[さ行]

裁断 ……………………………………… 19
裁ほう上手 ……………………………… 70
先染め …………………………………… 10
サコッシュ ……………………… 112、116
刺し子 ………………………………… 122
サテン …………………………………… 12
サテンステッチ ………………………… 44
三角きん ………………………………… 88
サンプラー ……………………………… 46
シーチング ……………………………… 11
ジグザグミシン ……………………… 51、58
刺しゅう糸 …………………………… 38、39
刺しゅう布 ……………………………… 38
刺しゅう針 ……………………………… 38
刺しゅうわく ………………………… 38、40
下糸用水平釜 …………………………… 50
しつけ糸 ……………………………… 9、36
地直し …………………………………… 15
地の目を通す …………………………… 15
ジャージ ………………………………… 13
ジャカード ……………………………… 13
シャンブレー …………………………… 11

しゅす	12	ツイル	11
しろも	36	テープメーカー	59
図案の写し方	40	デニム	12
すその上げ方	71	手ぬい糸	8、14
すそのつくろい方	70	手ぬい針	8、14
ストレートステッチ	41	トートバッグ	98
ストレッチ	13		
スナップボタン	65		

[な行]

中表
　表を内側にして2枚の布を合わせること。

スリットのつくろい方	72	並ぬい	28
寸法図	16	ぬいしろを倒す	23
製図	18	ぬいしろを割る	23
ゼッケン	80	ぬい目調整ダイヤル	50
接着芯	21	布の表裏	10
全返しぬい、本返しぬい	29	布の幅	10
ぞうきん	84	布の耳	10
そでぐりのつくろい方	73	布の目	10
		ネームタグ	82
		ネル	12

外表
　表を外側にして2枚の布を合わせること。

染め　　　　　　　　　　10

[た行]

[は行]

裁ち方図	16	バイアステープ	59
裁ちばさみ	9	はずみ車	50
たてまつり	35、80	バックステッチ	43
ダブルガーゼ	12	半返しぬい	30
玉どめ	31	帆布	12
玉結び	27	ビニールコーティング	13
ダンガリー	11	ひも	68
チェーンステッチ	42、81	ひも通し	68
力布	64	平織り	10
力ボタン	62、64	平ゴム	68
千鳥がけ	34	平ひも	68
チャコペンシル	9	ピンキングばさみ	58
ツイード	12	ピンクッション	9

ファスナー………………………… 56	目打ち……………………………… 9
ファスナー押さえ ………………… 56	メジャー…………………………… 9
フェルト…………………………… 13	綿麻………………………………… 11
ふきん…………………………… 122	面ファスナー……………………… 67
袋ぬい……………………………… 58	綿レース…………………………… 11
二つ穴ボタン ………………… 62、63	
二つ折りぬい……………………… 22	[や行]
普通地……………………………… 11	指ぬき…………………………… 8、26
フットコントローラー…………… 50	四つ穴ボタン ………………… 62、63
ブランケットステッチ…………… 44	四つ折り
フランネル………………………… 12	縦に二つ折りにして中心線を作り、両側から中心線に向かって折る。そのあと中心線で折る。布端が外に出ないひもを作るときなどに使う。
フリース…………………………… 12	
振り幅……………………………… 51	
フレンチノットステッチ………… 43	
ブロード…………………………… 11	撚り………………………………… 14
ペーパーウエイト………………… 17	
ヘリンボーン……………………… 11	[ら行]
ベロア……………………………… 13	ランチバッグ…………………… 118
方眼定規…………………………… 9	リッパー ……………………… 9、55
ボタン……………………………… 62	レッスンバッグ…………………… 92
ホック……………………………… 66	ロータリーカッター……………… 19
ボビン……………………………… 50	ローン……………………………… 11
ボビンケース……………………… 50	ロックミシン……………………… 58
[ま行]	[わ行]
マジックテープ …………………… 67	わきのつくろい方………………… 72
まち針…………………… 9、28、54	ワッフル…………………………… 11
まつりぬい………………………… 32	
丸ゴム……………………………… 68	
丸ひも……………………………… 68	
ミシン……………………………… 50	
ミシン糸……………………… 8、14	
ミシン針………………… 8、14、50	
水通し……………………………… 15	
三つ折りぬい………………… 22、58	

ミカ＊ユカ

元手芸書編集者のミカと、アパレルブランドで活躍するユカの、双子の手芸作家ユニット。ともに文化服装学院でさいほう、あみものを学ぶ。雑誌や書籍、アパレルブランドであみものやソーイング作品の提案をするほか、「DOG PAWS」というオリジナルの犬グッズブランドも持つ。

Staff

ブックデザイン／釜内由紀江　石神奈津子（GRiD）
撮影／梅澤 仁　佐山裕子（主婦の友社写真課）
スタイリング／小泉未来
イラスト（J子）／Yuzuko
イラスト（作り方）／下野彰子
編集／小泉未来　吉居瑞子
編集担当／森信千夏（主婦の友社）

材料協力

● 刺しゅう糸、刺しゅう枠
ディー・エム・シー株式会社
TEL：03-5296-7831
http://www.dmc.com

● 刺しゅう針、ソーイング用具
クロバー株式会社
TEL：06-6978-2277（お客様係）
http://www.clover.co.jp/

● ミシン、ソーイング用具
清原株式会社
TEL：06-6252-4735
http://www.kiyohara.co.jp/

● ロックミシン
株式会社ベビーロック
TEL：03-3265-2851（代表）
https://www.babylock.co.jp/

取材協力

● オカダヤ新宿本店
東京都新宿区新宿3-23-17
TEL：03-3352-5411
http://www.okadaya.co.jp/

実用No.1シリーズ

一生使えるおさいほうの基本

2018年 2月20日　第 1 刷発行
2025年 2月10日　第19刷発行

著者　　ミカ＊ユカ
発行者　大宮敏靖
発行所　株式会社 主婦の友社
　　　　〒141-0021
　　　　東京都品川区上大崎3-1-1 目黒セントラルスクエア
　　　　● 03-5280-7537（内容・不良品等のお問い合わせ）
　　　　● 049-259-1236（販売）
印刷所　大日本印刷株式会社

© DOG PAWS 2018　Printed in Japan　ISBN978-4-07-427678-3

Ⓡ〈日本複製権センター委託出版物〉
本書を無断で複写複製（電子化を含む）することは、著作権法上の例外を除き、禁じられています。本書をコピーされる場合は、事前に公益社団法人日本複製権センター（JRRC）の許諾を受けてください。また本書を代行業者等の第三者に依頼してスキャンやデジタル化することは、たとえ個人や家庭内での利用であっても一切認められておりません。
JRRC〈https://jrrc.or.jp　eメール：jrrc_info@jrrc.or.jp　電話：03-6809-1281〉

■ 本のご注文は、お近くの書店または主婦の友社コールセンター（電話0120-916-892）まで。
＊お問い合わせ受付時間　月〜金（祝日を除く）10:00 〜 16:00
＊個人のお客さまからのよくある質問のご案内 https://shufunotomo.co.jp/faq/

※本書は、2008年発行の『おさいほうの超きほん』（主婦の友社）の内容をもとにして新編集したものです。